Wilhelm Paul Graff

Kleine Erzählungen und Kriegsbilder

Wilhelm Paul Graff

Kleine Erzählungen und Kriegsbilder

ISBN/EAN: 9783743320963

Hergestellt in Europa, USA, Kanada, Australien, Japan

Cover: Foto ©ninafisch / pixelio.de

Manufactured and distributed by brebook publishing software
(www.brebook.com)

Wilhelm Paul Graff

Kleine Erzählungen und Kriegsbilder

Kleine Erzählungen

und

Kriegsbilder

von

Graf Leo N. Tolstoi.

Aus dem Russischen übersetzt

von

Wilh. Paul Graff.

Berlin.
Verlag von Richard Wilhelmi.
1886.

Inhalt.

Zwei Husaren.

Eine Novelle.

Es war im 19. Jahrhundert zu den Zeiten, wo es in Rußland noch keine Eisenbahnen und keine Chausseen gab, kein Gas und keine Stearinlichter, keine niedrigen Sofa's mit Springfedern und keine anderen Möbeln als lackirte, keine blasirten Jünglinge mit Monocles in den Augen und keine liberalisirenden und philosophirenden Frauen= zimmer, keine liebenswürdigen Kameliendamen, davon man jetzt überall so reichlich findet; — es war zu jener ein= fachen Zeit, wo man noch, wenn man in der Postkutsche oder im eigenen Wagen von Moskau nach Petersburg fuhr, eine ganze Küche und Hauseinrichtung mitnahm, da man sich acht Tage auf der staubigen oder schmutzigen Landstraße herumtrieb, wo man noch an die Echtheit der Hühner=Coteletten und der Waldai'schen Kringeln und Glockenspiele glaubte, wo an den langen Herbstabenden die Talglichter schwälten und einen Familienkreis von zwanzig bis dreißig Köpfen beleuchteten, wo auf den Bällen in den Kandelabern Wachs= und Spermacetkerzen

1*

brannten, wo die Möbeln noch symmetrisch aufgestellt wurden und unsere Väter noch jung waren, nicht allein, weil ihnen die Runzeln und grauen Haare fehlten, sondern weil sie sich um die Weiber todt schossen und aus der entferntesten Ecke des Zimmers herbeirannten, um ein zufällig oder absichtlich fallen gelassenes Schnupftuch aufzuheben, wo unsere Mütter kurze Taillen und colossale Aermel trugen, und wichtige Familienangelegenheiten durch Kartenlegen entschieden wurden, in jener einfachen Zeit der Freimaurerlogen, der Martinisten, des Tugendbundes, der Davidows und Puschkins —: in dieser Zeit tagte in der Gouvernementsstadt K. eine Versammlung von Landedelleuten, um einen neuen Adelsmarschall zu wählen, und diese Wahl war eben geschehen. —

I.

„Nun, einerlei! Meinetwegen dann im Saal!" sprach ein junger Officier in Pelz und Husarenmütze, der eben einen Reiseschlitten verlassen hatte und in das erste Gasthaus der Stadt K. eintrat.

„Alles besetzt! So viel Besuch, Väterchen Erlaucht! Eine großartige Versammlung!" versicherte der Kellner, der bereits vom Kutscher erfahren hatte, daß der neue Ankömmling ein Graf Turbin sei und den er deshalb Erlaucht titulirte: „Die Gnädige von Afremowka will gegen Abend mit ihren Töchtern abreisen, vielleicht ist Ihnen dann Nummer Elf gefällig, wenn es leer wird." Er trat leise auf, während er dem Grafen im Corridor voranging und sich fortwährend nach demselben umblickte. —

Im großen Saal saß unter einem schon ganz schwarz gewordenen Bilde, welches den Kaiser Alexander I in Lebensgröße darstellte, eine Gruppe von Edelleuten, wahrscheinlich aus der Umgegend, beim Champagner; etwas abseits von ihnen eine Anzahl durchreisender Kaufleute in blauen Pelzen.

Der Graf trat in's Zimmer, rief Blücher, seine riesige graue Bulldogge, die er mitgebracht hatte, herein, warf seinen noch mit Schnee bedeckten Mantel ab, forderte Wotki und setzte sich in seinem kurzen Röckchen von dunkelblauem Atlas an den Tisch zu den Edelleuten. Die Herren, denen das hübsche Aeußere und freie Benehmen des Neuangekommenen gefiel, ließen sich mit ihm in ein Gespräch ein und boten ihm ein Glas von ihrem Champagner an.

Der Graf aber trank vorerst sein Gläschen Wotki und bestellte dann eine neue Flasche Sect.

In diesem Augenblick trat der Kutscher herein und bat um ein Trinkgeld.

„Saschka!" rief der Graf seinem Burschen zu: „Gieb ihm!"

Der Kutscher trat mit Saschka vor die Thür, kehrte aber alsbald in's Zimmer zurück, indem er in der offenen Hand das Geld hielt.

„Was denn, Väterchen Erlaucht? Ich habe mir für Eure Gnaden doch alle Mühe gegeben. Haben mir einen Poltimnik versprochen und lassen mir jetzt nur einen Tschetwertak geben."

„Saschka! Gieb ihm einen Rubel!"

Saschka sah verlegen auf die Füße des Kutschers.

„Ist genug für ihn," murrte er mit tiefer Baß-stimme: „Ich habe selbst kein Geld mehr."

Der Graf nahm aus seiner Brieftasche die beiden einzigen blauen Geldscheine*), die darin waren, und gab einen davon dem Fuhrmann. Dieser küßte ihm die Hand und ging hinaus.

„Das habe ich gut abgepaßt," sagte der Graf: „Meine letzten fünf Rubel!"

„Das ist Husarenart, Graf," sprach lächelnd Einer der Edelleute, der nach seinem Schnurrbart, seiner Stimme und der energischen Art, wie er die Beine durch-drückte, wie ein gedienter Cavallerist aussah: „Haben Sie die Absicht, längere Zeit hier zu bleiben, Graf?"

„Muß mir erst Geld zu verschaffen suchen; wäre sonst nicht geblieben. Hol's der Teufel! Nicht einmal ein Zimmer kann man in diesem elenden Kruge bekommen!"

„Erlauben Sie," entgegnete der Cavallerist: „Wollen Sie nicht in mein Zimmer kommen? Ich bewohne die Nummer sieben. Sie werden es mir doch nicht ab-schlagen? Und dann bleiben Sie noch einige Tage bei uns. Heute ist außerdem Ball beim Adelsmarschall — der würde sich sehr freuen."

„Wirklich, Graf! Bleiben Sie bei uns," redete

_____
*) Blau sind die russischen Dreirubelscheine.

ihm auch ein anderer hübscher jung.r Mann, der ein Be=
amter zu sein schien, zu: „Was können Sie für Eile
haben? Solch ein Wahltag kommt ja doch nur alle drei
Jahre vor. Sehen Sie sich einmal unsere Damenwelt
hier an."

„Saschka! Gieb mir reine Wäsche heraus! Ich
will in's Bad," sprach der Graf und erhob sich: „Nun
denn, wollen einmal sehen. Laufe vielleicht wirklich noch
zum Adelsmarschall."

Er rief den Kellner, sagte ihm einige Worte, auf
die sich derselbe lächelnd verbeugte und antwortete: „Das
Alles richten menschliche Hände aus!"

„Also, Väterchen," rief der Graf in der Thür zu=
rück: „Ich lasse meinen Koffer auf Ihr Zimmer
bringen."

„Bitte sehr darum!" erwiderte der Cavallerist und
näherte sich der Thür: „Vergessen Sie nicht: Nummero
Sieben!"

Als des Husaren Schritte verklungen waren, kehrte
der Cavallerist auf seinen Platz neben dem Beamten zu=
rück, blickte diesem mit lachenden Augen in's Gesicht und
sagte:

„Das ist er!"

„Wer?"

„Ich sage Dir, der Husar, der Raufbold, der be=
rühmte Turbin. Er hat mich auch erkannt . . ."

„Wie denn?"

„Wir haben damals in Bebedjam, als ich noch

beim Regiment war, drei Wochen lang höllisch mit ein=
ander gehaust. Wir haben aber damals etwas ausge=
fressen — er und ich — deshalb will er sich nichts
merken lassen. Ein famoser Kerl! he?"

„Ja, ein prächtiger Mann! Und wie angenehm
im Umgang — nichts Gezwungenes!" antwortete der
hübsche·junge Mann: „Wie schnell wir mit ihm bekannt
geworden sind. Er ist wohl nicht älter als fünfund=
zwanzig?"

„Das scheint nur so: er ist älter. Man muß
ihn aber näher kennen! Wer hat die Migunowa ent=
führt? Er! Den Sablin hat er todt geschossen, Matnew
an den Beinen zum Fenster hinausgehalten, dem Fürsten
Nesterow hat er Dreimalhunderttausend im Spiel abge=
nommen. Oh! man muß ihn. näher kennen, was das für
ein harter Kopf ist! Aber eine Seele von Husar, eine
Prachtseele! Wir von der Cavallerie sind besser als
unser Ruf: Wenn Jemand wüßte, was das heißt, ein
echter Husar zu sein. Ach, das war damals eine
Zeit . . . ."

Und der Cavallerist erzählte seinem Zuhörer von
einer Bebedjamschen Kneiperei zusammen mit dem Grafen,
wie sie nicht nur niemals dagewesen, sondern auch nicht
hatte sein können, eben deshalb nicht, weil er bisher den
Grafen noch nie gesehen hatte und zwei Jahre früher den
Dienst quittirt hatte, ehe der Graf überhaupt in's Regiment
eingetreten war, und zweitens auch deshalb nicht, weil
der Cavallerist eigentlich nie Cavallerist gewesen war,

sondern nur vier Jahre lang als bescheidener Junker im
Below'schen Regimente gedient und, eben zum Fähnrich
avancirt, dasselbe schon wieder verlassen hatte. Aber vor
zehn Jahren, als ihm eine reiche Erbschaft zugefallen war,
war er thatsächlich in Bebedjam gewesen, hatte dort mit
den Remonte-Officieren siebenhundert Rubel durchgebracht und sich eine Ulanenuniform mit gelben Aufschlä-
gen machen lassen, um in ein Ulanenregiment einzutreten.
Diese Absicht und die drei Wochen, die er mit den Remonte-Officieren in Bebedjam zugebracht hatte, fielen in
die hellste und glücklichste Zeit seines Lebens, so daß er
anfangs jene Absicht in die Wirklichkeit übersetzte und
schließlich in seiner Erinnerung selbst beinahe an seine
cavalleristische Vergangenheit glaubte, ohne deshalb aufzuhören, im Uebrigen ein herzensguter, ehrlicher und sogar
ziemlich würdiger Mann zu sein.

„Ja, wer nicht selbst bei der Cavallerie gedient hat,
der wird Unsereinen nie begreifen!"

Er hatte sich rittlings auf dem Stuhl gesetzt, streckte
das Kinn vor und sprach mit Baßstimme.

„Da reitet man z. B. so vor der Eskadron: unter
Einem ein Teufel, kein Pferd, immer lancirend, und man selbst
sitzt drauf wie ein Teufel. Da kommt der Commandeur
an Einen herangeritten: Leutenant, sagt er, bitte, ohne
Sie geht es doch nicht, führen Sie einmal die Eskadron
im Parademarsch vorüber! Gut! Ich gucke mich nach
meinen Schnauzbärten um . . . . . Ach! Hol's der Teufel!
Das war eine Zeit!" — —

Der Graf kehrte noch ganz roth und mit feuchten Haaren aus der Badestube zurück und begab sich geradeswegs nach Nummer Sieben. Der Cavallerist befand sich schon daselbst. Er saß im Schlafrock und mit einer Pfeife. Er dachte mit Entzücken und doch mit einer gewissen Besorgniß an das Glück, sein Zimmer mit dem berühmten Turbin theilen zu dürfen.

„Aber," war ihm plötzlich eingefallen: „Wenn er mich nun splinternackt auszieht, mich vor's Stadtthor trägt und mich dort in den Schnee wirft? Oder . . . . vielleicht gar mit Theer einschmiert oder einfach . . . . Nein, das wird er nicht thun, aus kamerabschaftlichen Rücksichten . . . !" tröstete er sich selbst.

„Blüchern zu fressen geben, Saschka!" rief die Stimme des Grafen.

Saschka, der sich nach der Reise mit Schnaps gestärkt hatte und ordentlich angesäuselt war, erschien.

„Du hast nicht aushalten können! Hast Dich betrunken, Du Lümmel! Blüchern zu fressen geben!"

„Der krepirt auch sonst nicht! Sieh, wie rund!" antwortete Saschka, indem er den Hund streichelte.

„Nicht räsonniren! Gieb ihm zu fressen!"

„Ihnen kommt's nur drauf an, daß der Hund satt ist; aber trinkt ein Mensch nur ein Gläschen, da giebt's gleich Lärm."

„He, Du! Es setzt was!" rief der Graf mit einer Stimme, daß die Fenster klirrten und der Cavallerist zusammenschrak.

„Sollten lieber fragen, ob der Saschka heute schon
etwas zu essen bekommen hat. Aber der Hund ist Ihnen
lieber als der Mensch . . . ." sagte Saschka.

Doch sogleich erhielt er eine schreckliche Ohrfeige,
daß er taumelte und mit dem Kopfe an die Wand fiel;
er griff sich mit der Hand nach der Nase, sprang zur
Thür hinaus und warf sich im Corridor auf eine Truhe.

„Hat mir alle Zähne ausgeschlagen!" jammerte er
und, während er sich mit der einen Hand die blutende
Nase befühlte, streichelte er mit der andern den Rücken
des sich kratzenden Blücher: „Er hat mir alle Zähne
ausgeschlagen, Blüschka! Und doch ist er mein Graf und
ich gehe für ihn durch's Feuer! Ja, so ist es, denn er
ist mein Graf! Begreifst Du das, Blüschka? Willst
Du was haben?"

Nachdem er so einen Augenblick gelegen, erhob er
sich, gab dem Hunde zu fressen und begab sich darnach,
fast ganz ernüchtert, wieder zu seinem Grafen, um den=
selben zu bedienen und ihm Thee anzubieten. —

„Sie würden mich einfach beleidigen," sprach der
Cavallerist und stand schüchtern vor dem Grafen, der
auf dem Bette lag und seine Beine auf die Endlehne
desselben gelegt hatte: „Ich bin ja auch ehemals Soldat
gewesen und Ihr Kamerad; was wollen Sie deshalb
bei einem Anderen Geld aufnehmen, ich bin mit Freuden
bereit, Ihnen mit zweihundert Rubeln zu dienen; ich
habe zwar nur hundert bei der Hand, doch heute noch

werde ich sie Ihnen verschaffen. Also beleidigen Sie
mich nicht, Graf!"

„Ich danke Ihnen, Väterchen," antwortete der
Graf und klopfte ihn auf die Schultern, da er sofort
errieth, in welche Art von Beziehungen er zu dem
Cavalleristen zu treten habe: „Ich danke Ihnen. Also
unter solchen Umständen fahren wir auf den Ball. Aber
was werden wir jetzt beginnen? Erzählen Sie, was
giebt's hier in der Stadt? Hübsche Weiber? Und wer
lebt hier am flottesten? Wer spielt Karten?"

Der Kavallerist erzählte nun, daß auf dem Balle
eine Menge hübscher Damen sein würden, daß der neu-
gewählte Polizeimeister Kollow das flotteste Leben führe,
freilich „nicht so ganz nach echter Husarenart", doch
immerhin sei er ein prächtiger Bursche; ferner daß hier
während der Wahlen die Zigeunerbande des Iljuschka
concertire und daß heute Abend nach dem Ball beim
Adelsmarschall Alle sich dort zusammen finden wollten.
Und ein anständiges Spielchen könne man hier auch
machen; ein Fremder, Luchnow mit Namen, halte Bank
und Iljin, der Ulanenkornet, der nebenan in Numero acht
logire, verspiele sehr viel; bei dem hätten sie den Anfang
gemacht und jeden Abend würde gespielt.

„Und ich will Ihnen sagen, Graf, dieser Iljin ist
ein reizender Junge, garnicht geizig, er würde sein Hemd
vom Leibe weggeben."

„Gut, so werden wir ihn besuchen. Wollen einmal sehen, was das für Leute sind," erwiderte der Graf.

„Ja, gehen wir gleich. Sie werden sich alle sehr freuen!"

II.

Der Ulanenkornet Jljin war eben erst aufgewacht. Gestern Abend um acht Uhr hatte er sich an's Spiel gesetzt und ununterbrochen fünfzehn Stunden hindurch bis morgens elf Uhr gespielt. Er hatte wohl sehr viel verloren, aber wie viel, das wußte er nicht genau, weil er an eigenem Gelde dreitausend Rubel besaß, an Kronsgeldern aber fünfzehntausend, die er schon längst mit den eigenen zusammengethan hatte. Jetzt fürchtete er sich nachzuzählen, um sich nicht von dem zu überzeugen, was er ahnte, nämlich daß von den Kronsgeldern eine erhebliche Summe fehlen würde. Erst kurz vor Mittag war er in Schlaf gesunken, in jenen tiefen traumlosen Schlaf, den nur sehr junge Leute nach einem so großen Spielverlust kennen. Um sechs Uhr abends, um dieselbe Zeit, als Graf Turbin im Gasthofe abstieg, war er wieder erwacht, und als er rings um sich auf dem Fußboden die Karten und die Kreide und die mitten in der Stube stehenden beschriebenen Tische erblickte, erinnerte er sich mit Entsetzen des gestrigen Spiels und an die letzte Karte, auf welche er fünfhundert Rubel gesetzt. Aber er mochte nicht an die Wirklichkeit glauben; er holte deshalb unter seinem Kopfkissen das Geld hervor und begann es zu zählen. Seine eigenen dreitausend waren nicht mehr vorhanden und von den Kronsgeldern fehlten zweitausendfünfhundert.

Der Ulan hatte vier Nächte hintereinander durch
gespielt. Er war von Moskau gekommen, wo man ihm
die Kronsgelder eingehändigt hatte. In der Stadt K.
hatte ihn der Postmeister unter dem Vorgeben zurückge-
halten, es seien keine Pferde vorhanden, in der That
jedoch in der Absicht, jeden Reisenden hier mindestens
einen Tag festzuhalten. Der Ulan, ein flotter junger
Mann, dem seine Eltern in Moskau 3000 Rubel mit-
gegeben hatten, um sich neu zu equipiren, war froh, die
Wahltage in K. zubringen zu können und gedachte, sich
hier ordentlich zu vergnügen. Er kannte hier in der
Nachbarschaft die Familie eines Gutsbesitzers, wollte
denselben besuchen und dessen Töchtern etwas den Hof
machen; aber noch an demselben Tage hatte er im Gastzimmer die Bekanntschaft Luchnow's und anderer Spieler
gemacht. Am Abende setzten sie sich an den Spieltisch,
und der Ulan machte nicht nur dem ihm befreundeten
Gutsbesitzer keinen Besuch und erkundigte sich nicht beim
Postmeister nach den Pferden, sondern verließ in den
nächsten vier Tagen garnicht mehr sein Zimmer.

Nachdem er sich angekleidet und Thee getrunken
hatte, trat er an's Fenster. Er dachte daran, einen
kleinen Spaziergang zu machen, um die ihn beunruhigenden
Gedanken an das Spiel zu verscheuchen. Er warf sich
den Mantel über und begab sich auf die Straße. Die
Sonne war schon hinter den hellen Häusern mit den
rothen Dächern versunken. Auf die schmutzigen Straßen
fielen leise große Schneeflocken herab. Er wurde plötzlich

im höchsten Grade mißgestimmt darüber, daß er den ganzen Tag, der sich jetzt schon dem Ende zuneigte, verschlafen hatte.

„Dieser Tag ist hin und nie wieder zurückzubringen,“ dachte er: „Auch meine Jugend ist hin,“ dachte er unwillkürlich weiter, nicht weil er das wirklich glaubte, sondern weil ihm nur diese Redensart so in den Sinn kam: „Was werde ich jetzt anfangen?“ grübelte er weiter: „Jemanden anpumpen und weiterreisen?“

Eine Dame ging nahe an ihm auf dem Trottoir vorüber.

„Sieht die aber dumm aus,“ dachte er: „Aber wen soll ich anpumpen? Ach, ich habe mich zu Grunde gerichtet.“

Er ging an dem Hause eines Kaufmanns vorüber. Der Kaufmann, in einem Fuchspelz, stand in der Thür seines Ladens und rief ihn an.

„Hätte ich die Acht nicht aufgedeckt, würde ich nichts verspielt haben!“

Eine alte Bettlerin jammerte hinter ihm her.

„Ich weiß nicht, bei Wem könnte ich eine Anleihe machen . . .?“

Ein Herr in einem Bärenpelz fuhr auf der Straße vorüber. An der Straßenecke stand ein Polizist.

„Könnte ich nicht etwas Außergewöhnliches begehen? Einen niederschießen? Nein, es ist zu langweilg! Meine Jugend ist verdorben! Ach! das ist mal ein hübsches Geschirr mit Silberbeschlag! In dies Dreigespann

möchte ich mich setzen. Hei, ihr Täubchen! Ich will
nur wieder nach Hause. Luchnow wird bald kommen,
dann können wir weiterspielen!"

Er kehrte in den Gasthof zurück und zählte noch
einmal sein Geld nach. Nein, er hatte vorhin ganz
richtig gezählt: 2500 Rubel fehlten an den Staats-
geldern.

„Ich werde Alles zurückgewinnen; dann kaufe ich
jenes Dreigespann mit dem schönen Geschirr und reise
fort. Aber wenn er sie mir nicht zurückgiebt, der Böse-
wicht? Ach, Alles ist verloren!"

So fuhren die Gedanken durch den Kopf des Ulanen,
als Luchnow in der That bei ihm eintrat.

„Nun Michaïlo Wassilitsch? Schon lange ·aus-
geschlafen?" fragte Luchnow, indem er langsam von seiner
schmalen Nase die goldne Brille abnahm und sorgfältig
mit einem rothseidenen Schnupftuche reinigte.

„Nein, noch nicht lange. Habe sehr gut geschlafen."

„Ein Husar ist eingetroffen, hat sich bei Savalschewsky einquartiert .... Haben Sie nichts davon
gehört?"

„Nein, habe nichts davon gehört. Sind die Andern
noch nicht da?"

„Sie sind zu Pojachin gegangen; werden bald nach-
kommen."

Bald traten sie dann auch in's Zimmer: ein Gar-
nisonsoffizier, der stets in Luchnow's Nähe zu finden
war, ein griechischer Kaufmann mit einer großen ge-

bogenen Nase, dunkelbrauner Gesichtsfarbe und tief liegenden schwarzen Augen, ein dicker, aufgedunsener Gutsbesitzer, der eine Brantweinbrennerei besaß und ganze Nächte hindurch nie höher als um fünfzig Kopeken spielte. Alle hatten den Wunsch, daß das Spiel so bald als möglich begönne.

Aber der Hauptspieler, Luchnow, schien keine Eile zu haben. Er erzählte ruhig und mit Vorliebe einige in Moskau vorgekommene Schwindlergeschichten.

„Stellen Sie sich vor," sagte er: „In Moskau, in der Residenz, in der Stadt des Zaren, geht Einer des Nachts herum, wie ein Teufel verkleidet, um das dumme Volk zu erschrecken und Fremde auszuplündern; aber die Polizei sieht nichts — ist das nicht sonderbar?

Der Ulan hörte aufmerksam diesen Geschichten zu, doch jetzt erhob er sich und befahl leise seinem Burschen, Karten zu bringen.

Auch der dicke Gutsbesitzer sprach zuerst seinen Wunsch laut aus:

„Ja, meine Herren! Warum die goldene Zeit verlieren? An's Werk! an's Werk!"

„Ja, Sie haben sich gestern immer fünfzig kopeken= weise etwas zusammengekraspelt — das hat Ihnen wohl gefallen?" meinte der Grieche.

„Es wäre wohl an der Zeit," stimmte der Gar= nisonsofficier bei.

Iljin sah Luchnow an. Aber dieser fuhr fort, die

Geschichte von den Schurkereien des verkleideten Teufels
weiter zu erzählen.

„Werden Sie auflegen?" fragte ihn der Ulane.

„Ist es nicht noch zu früh?"

„Below," rief der Ulan, indem er plötzlich erröthete:
„Bringe mir zu essen .... Ich habe heute noch nichts
gegessen, meine Herren .... Bringe auch Champagner
und Karten:

In diesem Augenblick traten der Graf und Saval-
schewsky ein. Es stellte sich heraus, daß Turbin und
Iljin zu derselben Division gehörten. Sofort wurden sie
sehr mit einander befreundet, tranken und stießen mit den
Gläsern zusammen und nach fünf Minuten waren sie auf
Du und Du.

Iljin schien dem Grafen sehr zu gefallen. Der
Graf lächelte immer, wenn er ihn ansah und neckte ihn
wegen seiner Jugend.

„Ist das mal ein Prachtkerl von einem Ulan!" scherzte
er: „Was für ein Schurrbart! Oh, was für ein
Schnurrbart!"

Bei Iljin hatte sich der Flaum auf der Oberlippe
noch nicht einmal gebräunt.

„Es scheint, hier soll gespielt werden," sprach der
Graf: Nun, ich wünsche Dir viel Glück, Iljin! Du
bist wohl ein Meister im Gewinnen?" fügte er lächelnd
hinzu.

„Ja, beginnen wir," sprach Luchnow und riß ein
Spiel Karten auf: „Spielen Sie nicht mit, Graf?"

„Nein, heute nicht. Sonst würde ich's Euch Allen zeigen. Wenn ich anfange zu biegen, dann bricht jede Bank! Ich habe kein Geld. Habe auf der letzten Station Alles verloren; traf da einen Infanteristen mit Ringen, war wohl ein Taschenspieler — Der hat mich rein ausgeplündert."

„Mußtest Du lange da auf der Station sitzen bleiben? fragte Iljin.

„Zweiundzwanzig Stunden bin ich da hängen geblieben; wird mir unvergeßlich bleiben, das verfluchte Nest! Na! Der Postmeister wird's aber auch nicht vergessen!"

„Weshalb nicht?"

„Ja, weißt Du — Ich komme an — Springt da der Postmeister heraus, eine wahre Galgenfratze — sagt, es seien keine Pferde da — Nun muß ich Dir sagen, ich habe einen Grundsatz: sind keine Pferde da, begebe ich mich, ohne den Pelz abzulegen, schnurstracks in's Wohnzimmer des Vorstehers, begreife, nicht in das Gastzimmer, und befehle, sämmtliche Fenster und Thüren zu öffnen, es sei Dunst darin. Hier machte ich es ebenso, und Du wirst Dich erinnern, daß wir vor Kurzem recht scharfe Fröste hatten, so um die zwanzig Grad Kälte herum. Der Postmeister wollte zuerst räsonniren, aber ich fuhr ihm zwischen die Zähne. Dann kam eine Alte, dann Mädchen, und diese Weiber fingen an zu zetern, nahmen das Küchengeschirr und rannten nach dem Dorfe ....
Ich ging jetzt an die Thür und sagte: „Gieb mir sofort

2*

Pferde und ich reise weiter; sonst kommt Niemand mehr heraus, ich lasse Euch Alle tobt frieren!"

„Ein ausgezeichnetes Mittel!" unterbrach ihn laut lachend der dicke Gutsbesitzer: „Auf diese Weise läßt man sonst die Schwaben ausfrieren."

„Ich hatte nur nicht genug aufgepaßt; der Postmeister war doch hinausgeschlüpft und nahm mit all dem Weibervolk Reißaus. Nur eine Alte war bei mir als Faustpfand zurückgeblieben, die lag auf dem Ofen, nieste fortwährend und betete zu Gott. Dann kam es zu Verhandlungen; der Postmeister kam zurück und suchte mich aus der Ferne zu bewegen, ihm die Alte auszuliefern, aber ich hetzte Blücher auf ihn, und der versteht sich ausgezeichnet auf den Postmeister-Fang. Dafür bekam ich aber von dem Schuft bis zum Morgen keine Pferde. Und da kam jener Infanterist. Mit dem ging ich in's Gastzimmer und wir fingen an zu spielen. Kennen Sie Blücher? Blücher! Fuit!"

Blücher kam hereingerannt. Die Spieler beschäftigten sich wohlwollend mit ihm, obwohl sie sich offenbar viel lieber mit anderen Dingen beschäftigt hätten.

„Aber Sie spielen ja garnicht, meine Herren! Bitte, lassen Sie sich durch mich nicht stören. Ich bin nun einmal ein Schwätzer," sagte Turbin: „Grade oder ungrade ist auch eine gute Sache."

III.

Luchnow stellte zwei Lichter vor sich hin, zog eine

riesige, ganz mit Papiergeld gefüllte, braune Brieftasche
hervor, langsam, als ob es gälte, ein Sacrament zu ver=
richten, öffnete sie über dem Tische, nahm zwei Hundert=
rubelscheine heraus und legte diese unter die Karten.
„In der Bank liegen ebenso wie gestern zweihundert,"
sagte er, schob seine Brille zurecht und mischte die Karten.

„Gut," erwiderte Iljin, ohne ihn anzusehen,
während er sich mit Turbin unterhielt.

Das Spiel begann. Luchnow legte regelmäßig wie
eine Maschine die Karten, von Zeit zu Zeit hielt er inne,
schrieb an, ohne sich zu übereilen, oder blickte ernst über
seine Brille weg und sprach mit dünner Stimme:
„Sie geben!"

Am lautesten von Allem sprach der dicke Guts=
besitzer; er überlegte laut mit sich selber und machte seine
feisten Finger naß, um die Karten zu biegen. Der
Grieche saß neben dem Bankhalter und verfolgte auf=
merksam und abwartend mit seinen tiefliegenden dunklen
Augen das Spiel. Sawalewsky stand am Tische, kam
zuweilen plötzlich in Bewegung, holte aus seiner Hosen=
tasche bald einen rothen, bald einen blauen Schein, legte
denselben auf die Karte, schlug leicht mit der flachen Hand
darauf mit den Worten: „Hilf mir 'raus, Siebenlein!"
kaute seinen Schnurrbart, stand bald auf dem einen,
bald auf dem anderen Fuße, wurde roth und war so in
beständiger Bewegung, bis die Karte herauskam.

Iljin verzehrte seinen Kalbsbraten mit Gurken,
wischte sich schnell die Hände ab und belegte eine Karte

nach der anderen. Turbin, der anfangs mit ihm auf dem hänfenen Sofa gesessen hatte, merkte bald, wie die Sachen standen. Luchnow sah den Ulanen garnicht an, sprach auch nicht mit ihm; nur von Zeit zu Zeit richteten sich seine Augen schnell durch die Brille auf die Hände des Ulanen, dessen Karten meistens verloren.

„Wenn ich nur diese Karten da tödten könnte," sagte Luchnow von der Karte des dicken Gutsbesitzers, der nur um fünfzig Kopeken spielte.

„Thun Sie's lieber bei Iljin," antwortete der Gutsbesitzer.

In der That, Iljin's Karten wurden häufiger als die anderen geschlagen; er zerriß unter dem Tische nervös die verlierende Karte und wählte mit zitternder Hand eine neue.

Turbin erhob sich vom Sofa und bat den Griechen, ihn neben dem Bankhalter sitzen zu lassen. Der Grieche nahm einen anderen Platz ein, und der Graf setzte sich neben Luchnow, keinen Augenblick seine aufmerksamen Blicke von dessen Händen abwendend.

„Iljin!" sagte er plötzlich mit seiner gewöhnlichen Stimme, deren Gewalt aber jede andere völlig bedeckte: „Was machst Du da? Du spielst ja nicht richtig!"

„Spiele wie Du willst, es ist doch einerlei!"

„So verlierst Du ohne Frage. Laß mich für Dich setzen."

„Nein, entschuldige! Das thue ich lieber selbst. Spiele für Dich, wenn Du willst."

„Ich habe gesagt, daß ich für mich nicht spielen will. Laß mich für Dich. Es ärgert mich, daß Du verlierst."

„Das ist nun einmal mein Schicksal."

Der Graf schwieg und, seinen Kopf stützend, blickte er wieder aufmerksam auf die Hände des Bankhalters.

„Das ist schlimm!" sagte er plötzlich mit lauter und gedehnter Stimme.

Luchnow sah sich nach ihm um.

„Das ist schlimm, sehr schlimm!" sagte Turbin noch lauter und sah Luchnow gerade in die Augen.

Das Spiel ging weiter.

„Das ist nicht — gut!" sagte Turbin wieder, als eben Luchnow eine große Karte Jljin's schlug.

„Was gefällt Ihnen denn nicht, Graf?" fragte höflich und gleichgültig der Bankhalter.

„Daß Sie Jljin einen Simpel geben und die Ecken schlagen, das ist schlimm!"

Luchnow zuckte mit den Schultern und zog die Brauen in die Höhe, womit er sagen wollte, man müsse sich in Allem dem Schicksal ergeben, und das Spiel ging weiter.

„Blücher! Fuit!" rief und pfiff der Graf, indem er sich erhob: „Faß' ihn!" fügte er schnell hinzu.

Blücher kroch mühsam unterm Sofa hervor, ihn fast aufhebend, sprang hervor, wobei er den Garnisonofficier fast umwarf, näherte sich seinem Herrn, bellte, von Einem zum Anderen sehend und wedelte mit dem Schweife, als

ob er fragen wollte: „Wer erlaubt sich hier Grob=
heiten? he?"

Luchnow legte die Karten hin und schob seinen
Stuhl auf die Seite:

„Auf diese Weise kann man nicht spielen," sagte er:
„Ich kann keine Hunde ausstehen. Wie soll man spielen,
wenn eine ganze Meute Einen anknurrt!"

„Und besonders diese Art Köter," bestätigte der
Garnisonsofficier: „Man nennt sie jawohl Bluthunde?"

„Nun, soll weiter gespielt werden oder nicht,
Michaïlo Wassilitsch?" fragte Luchnow den Wirth.

„Störe uns bitte nicht, Graf" wandte sich Iljin
an Turbin.

„Komm einmal einen Augenblick her," erwiderte
dieser, nahm Iljin an die Hand und trat mit ihm hinter
den Bettschirm.

Die Worte des Grafen, der mit seiner gewöhnlichen
Stimme sprach, waren von dort deutlich zu verstehen;
denn seine Stimme war so, daß man sie noch durch drei
Zimmer hätte hören können.

„Bist Du eigentlich bei Sinnen?" sprach er: „Siehst
Du denn nicht, daß dieser Herr mit der Brille ein Mogeler
erster Classe ist?"

„Ach laß das! Was sagst Du?"

„Nein, nicht „laß das!" Laß Du es, sag' ich Dir.
Mir kann's ja gleichgültig sein; zu einer anderen Zeit
hätte ich selbst es Dir abgenommen; aber so thut's mir

leib, daß Du Alles verspielst. Du haft womöglich noch Kronsgelder ...."

„Nein, wie kommst Du darauf?"

„Ja, Brüderchen, ich bin selbst schon diesen Weg gegangen, deshalb kenne ich alle diese Falschspielerkniffe; ich sage Dir, der mit der Brille ist ein Bauernfänger. Laß es, bitte! Ich sage es Dir als Kamerad."

„Nun ja! Nur noch diese eine Taille will ich beendigen."

„Ich weiß, was es heißt, diese! Nun, wir werden ja sehen."

Sie kehrten zu den Uebrigen zurück. In dieser einen Taille belegte Iljin so viele Karten und es wurden ihm so viele geschlagen, daß er am Ende derselben sehr viel verloren hatte.

Turbin legte jetzt seine Hände mitten auf den Tisch: „Jetzt genug! Fahren wir!"

„Nein, ich kann nicht. Laß mich bitte!" erwiderte verdrießlich Iljin und mischte die verbogenen Karten, ohne Turbin anzusehen.

„Nun dann, der Teufel mit Dir! Verliere, soviel Du willst — Ich muß fort. Savalschewsky! Fahren wir zum Adelsmarschall!"

Sie verließen das Zimmer. Alle Zurückgebliebenen schwiegen, und Luchnow vertheilte so lange die Karten nicht, als noch das Geräusch der Schritte und der Tatzen Blüchers in dem Corridor erscholl.

„Das ist mal ein Tollkopf," sprach lachend der Gutsbesitzer.

„Nun, jetzt wird er uns nicht mehr stören," setzte schnell und mit noch immer gedämpfter Stimme der Garnisonsofficier hinzu.

Und das Spiel ging weiter.

IV.

Die Musikanten — leibeigene Hofleute des Adelsmarschalls — standen in dem Buffetzimmer, welches des Balles wegen ausgeräumt worden war, mit aufgekrempten Aermeln und spielten auf ein ihnen gegebenes Zeichen die alte Polonaise „Alexander und Elisabeth;" in der hellen, doch weichen Beleuchtung der Wachslichter gingen leicht und schwebend über das Parquet des großen Saales der noch aus Katharinas Zeit stammende General-Gouverneur mit einem Stern auf der Brust, die Gattin des Adelsmarschalls an der Hand führend, der Adelsmarschall mit der Gattin des Gouverneurs und dann alle übrigen Größen der Provinz in den verschiedenartigsten Windungen und Touren —: als Savalschewsky in blauem Frack mit einem mächtigen Kragen, mit Puffen auf den Schultern, in Strümpfen und Schuhen, rings um sich Jasmingeruch, womit sein Schnurrbart, seine Rockschöße und sein Schnupftuch reichlich getränkt waren, verbreitend, mit dem schönen Husaren in den Saal eintrat. Dieser trug blaue, fest anliegende Reithosen, eine goldgestickte, rothe und mit Pelz verbrämte Husarenjacke, auf welcher das Wladimirkreuz und die Kriegsmedaille des Jahres 1812 hingen. Der Graf war nicht so wohl groß von Wuchs, als vielmehr außerordentlich schön gebaut. Hellblaue, lebhaft glänzende Augen, volles, lockiges, dunkelblondes Haar gaben seinem hübschen Gesichte etwas ungemein Characteristisches.

Sein Erscheinen im Ballsaal überraschte nicht. Der hübsche junge Mann, der ihn im Gasthofe gesehen, hatte bereits dem Adelsmarschall über ihn Bericht abgestattet.

Der erste Eindruck, den diese Nachricht hervorgebracht hatte, war im Allgemeinen gerade kein sehr angenehmer.

„Er wird uns noch auslachen, der Taugenichts," meinten die älteren Herren und Damen.

„O Gott, vielleicht entführt er mich noch," meinten mehr oder weniger fast alle jungen Frauen und Fräulein. —

Die Polonaise war zu Ende, die Paare verneigten sich gegen einander, und die Damen traten zu den Damen, die Herren zu den Herren.

Savalschewsky führte glücklich und stolz seinen Husaren zu der Herrin des Hauses.

Die Frau des Adelsmarschalls, welche ein inneres Bangen verspürte, dieser Husar könnte ihr in Gegenwart Aller eine scandalöse Scene bereiten, wandte sich stolz und hochmüthig von ihm ab und sagte:

„Sehr erfreut. Ich hoffe, Sie sind ein Tänzer!"

Dabei maß ihr Auge ihn mit einem mißtrauischen Ausdrucke, welcher soviel besagte als: „Wenn Du im Stande sein solltest, eine verheirathete Frau zu beleidigen, so bist Du ein ganzer Schuft."

Aber der Graf überwand bald dieſes Vorurtheil
durch ſeine liebenswürdigen Aufmerkſamkeiten und durch
ſein hübſches, munteres Weſen, ſo daß bereits fünf
Minuten ſpäter das verklärte Geſicht der Frau Abels=
marſchall allen Gäſten verkündete: „Ich weiß, wie ich
mit dieſer Art Herren umzugehen habe: er hat ſofort
begriffen, mit wem er ſpricht; jetzt wird er es den ganzen
Abend nicht an Schicklichkeit und Liebenswürdigkeit fehlen
laſſen.“

Bald trat auch der Gouverneur, der mit dem Vater
des Grafen befreundet geweſen war, auf dieſen zu,
führte ihn vertraulich auf die Seite, was natürlich die
Gemüther der Provinzialen über den Huſaren noch mehr
beruhigte.

Darnach führte Savalſchewsky ihn zu ſeiner Schweſter,
einer jungen, üppigen Wittwe, welche den Grafen von
ſeinem Erſcheinen an mit ihren großen, ſchwarzen Augen
faſt verſchlungen hatte. Der Graf bat ſie um eine Tour
des Walzers, den die Muſik gerade begann, und beſiegte
durch ſeine Kunſt zu tanzen jetzt endgültig die allgemeine
Voreingenommenheit gegen ihn.

„Das iſt aber 'mal ein Tänzer!“ bemerkte eine
Auswärtige, die man aber in der Geſellſchaft des Gou=
vernements nicht recht gelten laſſen wollte: „Wie er mit
den Sporen klirrt! Außerordentlich gewandt!“

Der Graf ſtellte mit ſeiner Kunſt zu tanzen die
drei beſten Tänzer der ganzen Provinz in den Schatten,
nämlich den hochgewachſenen Adjutanten des Gouverneurs,

der besonders durch die Geschwindigkeit seines Tanzes
berühmt war, sowie dadurch, daß er seine Dame stets
nahe an sich zu drücken pflegte, dann den Cavalleristen,
der sich durch ein graziöses Wiegen beim Walzen und
durch einen oft wiederholten leichten Anschlag der Stiefel=
absätze auszeichnete, und endlich noch einen Civilisten, von
dem Alle meinten, daß er zwar keinen großen Verstand
besäße, aber doch ein vorzüglicher Tänzer und die Seele
aller Bälle sei.

Und in der That, vom Beginn des Balles bis
zum Schluß desselben forderte er alle Damen der Reihe
nach, wie sie saßen, auf, hörte keinen Augenblick zu tanzen
auf und hielt nur dann und wann eine kurze Zeit inne,
um sich mit seinem schon ganz feuchten Battistschnupftuche
das erhitzte, doch stets heitere Gesicht zu trocknen.

Also der Graf tanzte mit allen Damen, mit den
hübschen und nicht hübschen, aber ganz besonders gefiel
ihm die Schwester Savalschewsky's und mit ihr tanzte
er Quadrille, Schottisch und Mazurka.

Als sie während der Quadrille Platz genommen,
begann er ihr eine Menge Schmeicheleien zu sagen, in=
dem er sie mit der Venus, mit der Diana, mit einer
Rose und noch anderen Blumen verglich. Auf alle diese
Höflichkeiten antwortete die schöne Wittwe nur damit,
daß sie den weißen Hals bog, die Augen niederschlug,
um ihr weißes Musselinkleid zu betrachten, oder indem sie
den Fächer von einer Hand in die andere nahm. Er=
widerte sie aber: „Lassen Sie das doch, Graf — Sie

scherzen," oder dergleichen, dann klang aus ihrer etwas tiefen Stimme soviel naive Gutmüthigkeit und komische Einfalt, daß Einem bei ihrem Anblick unwillkürlich der Gedanke in den Kopf kam: Das ist gar kein Weib, sondern irgend eine wilde, weiß und rothe, herrliche, doch duft= lose Blume, die irgendwo unter einem jungfräulichen Schneehaufen in einem unbekannten Lande emporge= sprossen ist.

Diese kindliche Naivetät und Abwesenheit alles Ge= suchten, im Verein mit der frischen Schönheit, machten auf den Grafen einen so merkwürdigen Eindruck, daß er einige Mal in den Pausen des Gesprächs, während er ihr schweigend in die Augen blickte oder die schönen Um= risse ihres Nackens und ihrer Arme bewunderte, sich über den lebhaften Wunsch ertappte, sie plötzlich in den Arm zu nehmen und zu küssen; er mußte sich mit aller Gewalt zusammennehmen, sich dessen zu enthalten.

Auch die Wittwe bemerkte mit Vergnügen den Ein= druck, den sie auf ihn gemacht; aber ein Etwas in dem Benehmen des Grafen gegen sie fing an sie zu beun= ruhigen und zu erschrecken, obwohl der junge Husar bei aller einschmeichelnden Liebenswürdigkeit ihr die größte Ehrerbietung, nach damaligen Begriffen sogar bis zur Abgeschmacktheit erwies. Er beeilte sich, für sie Mandel= milch zu holen, hob ihr Schnupftuch auf, riß einem scrophulösen jungen Landedelmann, der ihr auch zu Diensten sein wollte, den Stuhl aus der Hand, um ihn ihr schneller hinzusetzen und dergleichen mehr.

Als er bemerkte, daß die damals in den Gesell-
schaften allgemein übliche Höflichkeit auf seine Dame wenig
Eindruck machte, versuchte er sie durch die Erzählung
von allerlei komischen Schnurren zum Lachen zu bringen;
er versicherte ihr, er sei bereit, sich sofort hier auf den
Kopf zu stellen, wenn sie es befehle, wie ein Hahn zu
krähen, aus dem Fenster zu springen, oder sich in ein
Wasserloch zu stürzen . . . . Damit hatte er völligen
Erfolg: Die Wittwe wurde munter und, indem sie in
eigenthümlichen Trillern lachte, zeigte sie ihre wunder-
vollen weißen Zähnchen und war ganz mit ihrem Cavalier
zufrieden. So gefiel sie ihm mit jedem Augenblicke
mehr und am Schluß der Quadrille war er richtig in
sie verliebt.

Als sich nach diesem Tanze ihr früherer, achtzehn-
jähriger Anbeter, eben jener scrophulöser Jüngling, dem
Turbin den Stuhl fortgerissen hatte, und welcher der
Sohn des reichsten Gutsbesitzers in der Umgegend war,
sich ihr näherte, empfing sie ihn ungemein kühl, da sie
bei ihm nicht den zehnten Theil jener warmen Erregung,
wie in Gegenwart des Husaren, spürte.

Während er mit ihr sprach, betrachtete sie den Rücken
des nicht entfernt stehenden Gräfen und berechnete unbe-
wußt, wie viel Ellen goldenes Schnur wohl auf den
Besatz seines Anzugs verwendet sein mochten.

„Sie sind nett," sagte sie dabei zu dem jungen
Mann: „Versprechen mir, mich zur Spazierfahrt abzu-
holen und mir Confect mitzubringen . . . . ."

„Ich bin doch bei Ihnen gewesen, Anna Feborowna, aber Sie waren nicht mehr zu Hause, und ich habe Ihnen die allerbesten Bonbons mitgebracht," antwortete der lang aufgeschossene junge Mann mit einer dünnen Stimme.

„Ach, Sie haben immer Ausreden! Ihre Bonbons brauche ich jetzt nicht mehr. Denken Sie, bitte, nicht . . ."

„Ich sehe schon, Anna Feborowna, Sie sind gegen mich verändert, und ich weiß auch weshalb. Aber das ist nicht hübsch . . . ." Er war jedoch nicht im Stande, seine Rede zu beendigen, denn irgend eine starke innere Erregung ließ seine Lippen schnell und eigenthümlich zucken.

Anna Feborowna beachtete ihn garnicht, sondern fuhr fort, Turbin mit den Augen zu verfolgen.

Der Hausherr, der Adelsmarschall, ein wohlbe= leibter zahnloser alter Herr, näherte sich dem Grafen, legte seine Hand in seinen Arm und lud ihn ein, wenn's ihm gefällig wäre, mit ihm in's Cabinet einzutreten und dort etwas zu trinken oder zu rauchen.

Als Turbin sich aus dem Saal entfernt hatte, schien es Anna, als ob in diesem durchaus garnichts mehr zu suchen sei; sie nahm deshalb den Arm einer Freundin, eines alten dürren Fräuleins, und begab sich mit ihr in's Toilettenzimmer.

„Nun? Wie ist er? Nett?" fragte das Fräulein.

„Nur etwas zu aufdringlich," antwortete Anna Feborowna. Sie näherte sich dem Spiegel und blickte hinein.

Ihr Gesicht leuchtete auf, ihre Augen lachten, sie erröthete sogar und, indem sie plötzlich den Ballettänzerinnen nachahmte, drehte sie sich auf einem Fuße herum; dann lachte sie mit ihrem reizvollen Kehlkopflachen und hüpfte sogar etwas empor.

„Das ist solch Einer! hat mich sogar um ein An= denken gebeten — Aber:.... Was Sie sich denken, is nich...." sang sie das Ende eines Couplets und hob dabei einen Finger der kleinen Hand, die bis zum Ellen= bogen in Handschuhen stak......

In dem Cabinet, in das der Adelsmarschall den Grafen Turbin geführt hatte, gab es verschiedene Li= köre, Wotki, kalte Küche und Champagner. In Ta= bakswolken gehüllt, saßen und standen dort die Edelleute herum und sprachen von den Wahlen.

„Wenn der ganze hochgeborene Adel unseres Kreises ihn mit seiner Erwählung geehrt hat," sprach der schon ziemlich berauschte neue Polizeimeister: „so durfte er nicht in der Ver= sammlung fehlen; das durfte er unter keinen Umständen....."

Beim Eintritt des Grafen brach dieses Gespräch ab. Alle ließen sich ihm vorstellen und besonders der Polizei= meister drückte lange und warm mit beiden Händen seine Rechte, wobei er ihn bat, nach dem Balle in ihrer Aller Gesellschaft in das neue Clubhaus zu fahren, wo er die Edelleute bewirthen wolle und eine Zigeunergesellschaft singen würde.

Der Graf sagte bestimmt zu und trank mit ihm einige Gläser Sect.

„Warum tanzen denn die Herren nicht?" fragte er, bevor er das Zimmer wieder verließ.

„Wir sind keine Tänzer," antwortete lachend der Polizeimeister: „Wir halten uns mehr zum Wein. Uebrigens, das ist Alles unter meinen Augen aufgewachsen, Graf, alle diese Dämchen! Freilich, zuweilen tanze ich noch einen Schottisch, Graf .... Das verstehe ich noch, Graf ...."

„Nun, so wollen wir einmal loslegen," sagte Turbin.

„Gut, gehen wir! machen wir dem Hausherrn das Vergnügen, meine Herren!"

Und drei von den Edelleuten, die vom Beginne des Balles an im Rauchzimmer gezecht hatten, zogen sich schwarze oder gehäkelte seidene Handschuhe an und folgten dem Grafen in den Saal. Plötzlich hielt sie der scrophulöse junge Mann an der Thür an. Ganz bleich und mit Thränen in den Augen, trat er vor Turbin hin:

„Sie meinen, weil Sie ein Graf sind, könnten Sie Einen anstoßen wie auf dem Markte," sprach er fast athemlos, „das ist unhöflich ...."

Wieder gegen seinen Willen hemmten die zuckenden Lippen den Strom seiner Rede.

„Was?" rief Turbin mit gerunzelter Stirn: „Was? ... Dummer Junge!" rief er und, seine beiden Hände ergreifend, drückte er sie dermaßen, daß dem jungen Manne ebenso sehr vor Schmerz als vor Angst das Blut in den Kopf stieg: „Wollen Sie sich mit mir schießen? In solchem Falle stehe ich Ihnen zu Diensten'"

Kaum ließ Turbin die Hände des jungen Mannes los, als zwei Herren denselben unter die Arme faßten und ihn nach der Hinterthür zogen.

„Was haben Sie? Sind Sie nicht recht bei Trost? Sie sind gewiß betrunken! Man muß es Ihrem Papa sagen! Was fehlt Ihnen?"

„Nein, betrunken bin ich nicht, aber er hat mich angestoßen und sich nicht entschuldigt. Er ist ein Flegel! Das ist er!" keuchte der Jüngling und brach in Thränen aus.

Aber man hörte nicht auf ihn und brachte ihn nach Hause.

„Lassen Sie ihn, Graf," redeten ihrerseits der Polizeimeister und Sawalschewsky auf Turbin ein: „Er ist ja noch ein Kind, das die Ruthe haben muß, erst sechszehn Jahre alt. Es ist unbegreiflich, was ihm in den Kopf gefahren ist; Gott weiß, welche Fliege ihn gestochen! Und sein Vater ist ein hochachtbarer Mann, unser Candidat!"

„Nun, meinetwegen fahr' er zum Teufel, wenn er nicht will . . . . !"

Und der Graf kehrte in den Saal zurück, tanzte ebenso heiter wie vorher Schottisch mit der hübschen Wittwe und lachte von ganzem Herzen über die Pas, welche die Herren, die mit ihm das Rauchzimmer verlassen hatten, vollführten, lachte sogar so laut, daß es durch den ganzen Saal schallte, als der Polizeimeister ausglitt und der vollen Länge nach mitten unter den Tanzenden hinschlug.

V.

Während sich der Graf noch im Rauchzimmer befand, hatte sich Anna Fedorowna ihrem Bruder genähert, und indem sie that, als ob der Graf sie gar nicht interessirte, fing sie an ihn auszufragen:

„Sag einmal, Bruder, was ist das für ein Husar, den Du mir vorgestellt hast?"

Der Cavallerist erklärte seiner Schwester, soweit er es vermochte, was dieser Husar für ein berühmter Mann sei, und erzählte ihr auch bei dieser Gelegenheit, daß der Graf nur deshalb hier in K. geblieben sei, weil ihm unterwegs sein Geld gestohlen worden, daß er selbst ihm hundert Rubeln geliehen habe, daß dies aber nicht genügend sei, und deshalb bäte er sie, seine Schwester, ihm noch ungefähr zweihundert zu leihen. Er müßte sie aber ersuchen, mit Keinem, am allerwenigsten mit dem Grafen selbst darüber zu sprechen.

Anna Fedorowna versprach, ihm noch heute Geld zu schicken und die ganze Sache geheim halten zu wollen, doch während der Ecossaise überkam sie plötzlich, Gott weiß weshalb, unwiderstehlich die Lust, dem Grafen selbst soviel Geld anzubieten, als er verlangte.

Nach einiger Unentschiedenheit, Erröthen und endlichem Entschluß begann sie folgendermaßen:

„Mein Bruder hat mir gesagt, Sie hätten unterwegs Unglück gehabt und Sie seien augenblicklich in Geldverlegenheit. Wenn ich Ihnen vielleicht dienen könnte, würde ich mich außerordentlich freuen."

Doch kaum hatte sie dieses gesagt, als sie plötzlich erschrak und verlegen erröthete; denn alle Fröhlichkeit schien aus des Grafen Angesicht verschwunden.

„Ihr Bruder ist ein Dummkopf," sagte er schroff: „Sie wissen, wenn ein Mann einen anderen beleidigt, dann schießt man sich. Wenn aber eine Frau einen Mann beleidigt, was thut man dann? Wissen Sie das?"

Die arme Anna Fedorowna erröthete vom Hals bis über die Ohren; sie schlug die Augen nieder und erwiderte gar nichts.

„Die Frau küßt man in Gegenwart Aller," sagte der Graf flüsternd ihr in's Ohr: „Sie werden mir mindestens gestatten, Ihnen die Händchen zu küssen," fuhr er nach einer längeren Pause leise fort, da er Mitleid mit der Verlegenheit seiner Dame fühlte.

„Ach, nur nicht gleich," flehte Anna Fedorowna mit einem tiefen Seufzer.

„Wann also? Morgen ganz in der Frühe reise ich weiter .... Sie sind es mir schuldig."

„Nun, so geht es eben nicht," antwortete Anna lächelnd.

„Sie werden mir erlauben, heute noch selbst die Gelegenheit zu finden. Und ich werde sie schon finden."

„Wie denn?"

Das ist nicht Ihre Sache. Für Sie ist mir Alles möglich. Also angenommen?"

„Gut!"

Der Schottisch war zu Ende. Es folgte Mazurka,

in welcher der Graf wahre Wunder vollbrachte; er fing Tücher, senkte sich auf ein Knie nieder, stieß mit den Sporen ganz nach Warschauer Art an, so daß die alten Herren ihr Bostonspiel verließen, um es sich anzusehen, und der Cavallerist, sonst der beste Tänzer, erklärte sich für besiegt.

Dann wurde zu Abend gespeist, noch ein Großvatertanz getanzt und endlich ging's an's Abschiednehmen.

Der Graf hatte während der ganzen Zeit die junge Wittwe nicht aus den Augen gelassen. Er hatte nicht gelogen, als er gesagt hatte, er sei bereit sich ihretwegen in ein Wasserloch zu stürzen. War's nun eine Laune oder Hartnäckigkeit oder wirkliche Verliebtheit, genug an diesem Abende waren die sämmtlichen Kräfte seiner Seele auf den Wunsch gerichtet, sie zu sehen und zu lieben.

Kaum bemerkte er, daß sich Anna Fedorowna von der Dame des Hauses verabschiedete, eilte er in's Vorzimmer und von dort ohne Pelz auf den Hof nach dem Platze, wo die Equipagen standen.

„Der Wagen von Anna Fedorowna Saizew!" rief er.

Eine große vierspännige Kutsche mit Laternen setzte sich in Bewegung, um vorzufahren.

„Halt!" rief er dem Kutscher zu und eilte bis zum Knie im Schnee dem Wagen nach.

„Was wünschen Sie?" fragte ihn der Kutscher.

„Ich will einsteigen! Halt' doch, Du Satan, Du Dummkopf!" sprach der Graf und bemühte sich nebenhergehend den Wagenschlag zu öffnen.

„Halt, Waßka!" rief der Kutscher dem Vorreiter zu und hielt die Pferde an: „Was wollen Sie in einem fremden Wagen? Dies ist die Kutsche unserer Gnädigen, Anna Fedorowna, und nicht die Eurer Gnaden."

„Schweig, Dummkopf! da hast Du einen Rubel! Steig' mal schnell herunter und schließ' die Thür!" befahl der Graf.

Aber da der Kutscher sich nicht rührte, klappte er selbst den Tritt zusammen und zog die Thür zu, so gut es ging.

Die Beine Turbin's waren bis zum Knie voll aufthauendem Schnee und froren ihm heftig in den feinen Stiefeln und dünnen Reithosen, auch seinen übrigen Körper durchdrang die Winterkälte.

Der Kutscher brummte etwas auf dem Bock und schien herabsteigen zu wollen; doch der Graf hörte und beachtete nichts; sein Gesicht glühte, sein Herz pochte heftig. Er zog den gelben Fensterriemen an, bog sich seitwärts aus dem Fenster und wartete.

Es dauerte nicht lange, als von der Freitreppe nach dem Wagen der Saizew gerufen wurde.

Der Kutscher zog die Zügel an, der Wagen schaukelte zwischen den hohen Federn, die erleuchteten Fenster des Hauses liefen vorüber.

„Gib Acht, wenn Du Schlingel dem Diener ein Wort davon sagst, daß ich hier bin," sprach der Graf zum vorderen Fenster hinaus: so werde ich Dich durchprügeln; sagst Du nichts, bekommst Du zehn Rubel!"

Kaum hatte der Graf wieder das Fenster geschlossen, als die Kutsche noch stärker zu schaukeln anfing und gleich darauf stillstand. Turbin drückte sich tief in die Ecke zurück, hielt den Athem an und schloß sogar die Augen. Der Gedanke, seinen leidenschaftlichen Wunsch nicht erfüllt zu sehen, war ihm unerträglich.

Endlich ward die Wagenthür geöffnet; eine nach der andern fielen die Stufen des Trittes herunter, es erscholl das Rauschen eines Frauenkleides, in die dumpfe Kutsche drangen Jasmingerüche, schnelle Füßchen liefen die Stufen herauf und Anna Fedorowna, mit dem weiten, sich öffnenden Pelzmantel die Beine des Grafen bedeckend, ließ sich schweigend, doch tief athmend, auf dem Sitze neben ihm nieder.

Ob sie ihn erkannt hatte oder nicht, wer will das entscheiden? Doch als er ihre Hand ergriff und sprach: „So! jetzt küsse ich doch Ihre Händchen!" — da zeigte sie ein nur geringes Erschrecken, erwiderte aber nichts und ließ ihm die Hand, welche er mit Küssen bedeckte, natürlich viel höher, als die Handschuhe reichten.

Der Wagen hatte sich inzwischen in Bewegung gesetzt.

„Sprich doch ein Wort! Du bist mir doch nicht böse?" flüsterte er.

Sie lehnte sich schweigend in die Ecke zurück, aber plötzlich, um eine oder keine Ursache, fing sie an zu weinen und ließ das Köpfchen an seine Brust sinken. —

VI.

Der neu gewählte Polizeimeister mit seiner Gesellschaft, dem Cavalleristen und den übrigen Edelleuten,
lauschte schon längst den Weisen der Zigeuner und zechten
in dem neuen Clubhause, als sich der Graf Turbin in
einem mit dunkelblauen Tuch bedeckten Bärenpelze, welcher
dem verstorbenen Gatten der Anna Fedorowna angehört
hatte, bei ihnen einfand.

„Väterchen Erlaucht, Sie sind schon lange erwartet," redete ihn ein dunkler, schieläugiger Zigeuner
mit einem glänzend schwarzen Schnurrbarte an, der ihn
im Vorzimmer empfing und sich beeilte, ihm den Pelz
abzunehmen: „Von Lebedjam her haben wir uns nicht
gesehen; Stjoscha zehrt ordentlich aus Sehnsucht nach
Ihnen ab . . . ."

Stjoscha war eine junge schlanke Zigeunerin mit
ziegelrothen Wangen in dem gebräunten Gesichte, mit
glänzenden, tiefen, schwarzen uud von langen Wimpern
beschatteten Augen. Sie sprang ihm entgegen.

„Ah! Gräflein! Täubchen! Goldener! Das ist mal
eine Freude!" rief sie zwischen den Zähnen hindurch mit
frohem Lächeln.

Auch Iljuschka selbst kam ihm entgegen und that,
als ob er sich freue. Die älteren Weiber und die
jungen Mädchen sprangen von ihren Sitzen herunter und
umringten den Ankömmling. Die Einen erinnerten ihn
an ihre Gevatterschaft, die anderen an christliche Brüder-
lichkeit.

Die jungen Zigeunerinnen küßten Turbin auf den Mund, die älteren und die Männer ihm die Schultern und Hände.

Auch die Edelleute waren über des Grafen Ankunft sehr erfreut, um so mehr, als die Kneiperei ihren Höhepunkt bereits überschritten hatte, Jeder schon eine gewisse Uebersättigung an sich fühlte, und der Wein nicht mehr auf die Nerven, sondern nur noch auf den Magen zu wirken anfing. Jeder hatte schon seinen Vorrath an Witz verausgabt und sich an dem der Andern übersättigt; alle Lieder waren durchgesungen, und im Kopfe eines Jeden begannen schon alle Eindrücke in einander zu verschwimmen. Wie sich auch der Eine oder Andere bemühen mochte, etwas Besonderes, Gewagtes an den Tag zu geben, Keinem wollte das mehr besonders geistreich oder komisch vorkommen.

Der Polizeimeister lag in einem ganz heillosen unwürdigen Zustande auf der Erde zu den Füßen einer der Zigeuneraltistinnen, schlug mit den Beinen in die Höhe und schrie:

„Champagner her! Der Graf ist gekommen! Champagner! Er ist gekommen! Eine Wanne voll Champagner, um ihn darin zu baden! Meine Herren Edelleute! Ich liebe den Adel, den edlen Adel .... Stjoschka! singe „die Landstraße" ..."

Auch der Cavallerist war angesäuselt, aber auf andere Weise; er saß in der Sofaecke dicht neben einer großen schönen Zigeunerin Ljubascha; er fühlte, wie der

Rausch seine Augen umnebelte, blinkte mit den Lidern, schüttelte den Kopf und suchte, immer dieselben Worte wiederholend, die Zigeunerin zu bereden, irgendwohin mit ihm zu fliehen. Ljubascha hörte ihm lächelnd zu, als ob das, was er sprach, sehr lustig wäre, und dabei warf sie dann und wann einen bedauernden Blick auf ihren Gatten, den schielenden Saschka, der ihr gegenüber hinter einem Stuhle stand. Als Antwort auf des Cavalleristen Liebeserklärungen neigte sie sich an sein Ohr und bat ihn leise, ihr etwas zu schenken, Wohlgerüche oder Bänder, die Anderen dürften es aber nicht sehen. Beim Eintritt des Grafen schrie der Cavallerist: „Hurrah!"

Der hübsche junge Mann schritt mit besorgter Miene und mit möglichst festem Schritte mitten im Zimmer auf und nieder und sang Motive aus „Die Empörung im Serail".

Auch ein alter Familienvater, der sich durch die bringenden Bitten der Herren hatte bewegen lassen, mit zu den Zigeunerinnen zu kommen, da sie ihm versicherten, ohne ihn wäre die Sache nichts, man würde dann besser thun, garnicht hinzufahren, lag auf dem Sofa, wo er sofort nach seiner Ankunft hingestürzt war und Niemand ihn beachtete.

Ein Beamter, der ebenfalls da war, saß ohne seinen Frack auf dem Tische, wühlte sich in seinen Haaren herum und bewies damit, daß er ein locerer Vogel war. Bei der Ankunft des Grafen knöpfte er sich auch noch seinen Hembskragen auf und setzte sich noch höher auf den Tisch.

So belebte sich bei des Grafen Eintritt offenbar noch einmal das Zechgelage.

Die Zigeunerinnen, die sich schon im Zimmer zerstreut hatten, setzten sich wieder zusammen, während der Graf Stjoschka, die Vorsängerin, auf seinen Schooß nahm und nach Champagner rief. Iljuschka stellte sich mit der Guitarre neben die Vorsängerin und der Tanz und Gesang begann wieder.

„Wenn ich gehe auf der Straße,
Hei, ho, Ihr Husaren . . .,"

Stjoschka sang sehr gut. Ihr klangvoller, biegsamer aus tiefster Brust hervorquellender Contra-Alt, ihre lächelnde Miene während des Singens, die lachenden leidenschaftlichen Augen, das Füßchen, das sich unwillkürlich nach dem Tacte hob und senkte, ihr durchdringendes Aufjauchzen beim Einfallen des Chores, Alles ließ fiebernd eine selten berührte Saite erklingen. Sie lebte ganz in dem Liede, welches sie sang.

Iljuschka, der durch sein Lächeln, durch die Bewegung seiner Füße und durch sein ganzes Wesen seine Theilnahme an ihrem Gesange ausdrückte, begleitete ihn auf seiner Guitarre, verschlang sie mit den Augen, als ob er zum ersten Male von ihr dies Lied hörte, neigte und hob besorgt und aufmerksam nach dem Rythmus den Kopf und plötzlich bei der letzten Singnote, als ob er sich hoch über aller Welt erhaben dünkte, warf er die Guitarre hin, stieß sie mit dem Fuße fort, stampfte auf, warf die Haare zurück und blickte sich mit gerunzelter

Stirn nach seinem Chore um; in seinem ganzen Körper, vom Wirbel bis zur Zehe, schien jeder Nerv zu tanzen . . . .: und zwanzig starke, ungezügelte Stimmen, deren jede sich bemühte, Ungewöhnliches und Eigenartiges zu leisten, vermischten und vereinigten sich in der Luft; die Altistinuen sprangen auf ihre Stühle, wehten mit den Tüchern, zeigten die Zähne und jauchzten im Rythmus, eine immer lauter als die andere; die Bässe mit auf die Seite ge= legten Köpfen und angespannten Kehlen brummten hinter den Stühlen.

Als zum Tanz aufgespielt wurde, und Dunjascha mit wogender Brust und Schultern vortrat und am Grafen vorüberschwebte, sprang dieser von seinem Sitze auf, warf den Waffenrock ab und gesellte sich ihr im rothen Hemd zu; er hielt fest den Tact und vollführte dabei mit seinen Beinen solche Kunststückchen, daß sich die Zigeuner beifällig lächelnd einander ansahen.

Der Polizeimeister setzte sich nach Türkenart hin, schlug sich mit der Faust vor die Brust und schrie: „Vivat!" Dann ergriff er den einen Fuß des Grafen und fing an zu erzählen, er habe zweitausend Rubel gehabt, jetzt hätte er nur noch fünfhundert, aber er könne Alles machen, was er wolle, wenn der Graf es ihm nur erlaube.

Auch der alte Paterfamilias war erwacht und wollte nach Hause fahren; aber man erlaubte es ihm nicht.

Der hübsche junge Mann beschwor eine der Zigeune= rinnen, mit ihm einen Walzer zu tanzen.

Der Cavallerift, der mit des Grafen Freundschaft prahlen wollte, erhob sich aus seiner Sofaecke und umarmte Turbin:

„Ach, Du mein Täubchen," sagte er: „Warum bist Du nur von uns weggefahren? Eh?"

Der Graf schwieg und dachte augenscheinlich an etwas anderes.

„Wo bist Du nur gewesen? Ach, Du Schelm! Ich weiß schon, Graf, wo Du gewesen bist."

Turbin fand offenbar an dieser Vertraulichkeit keinen Gefallen; ohne zu lächeln, sah er schweigend dem Cavalleriften in die Augen und plötzlich sagte er ihm eine so unerhörte Grobheit gerade in's Gesicht, daß Jener ganz verblüfft wurde und garnicht wußte, ob er es als eine Beleidigung oder als einen Scherz nehmen sollte. Endlich entschied er sich für das Letztere, ging wieder zu seiner Zigeunerin zurück und versicherte ihr, daß er sie ganz bestimmt nach Ostern heirathen werde.

Man sang ein zweites Lied, ein drittes; es wurde noch einmal getanzt, Gesundheit getrunken und Allen schien es wieder sehr lustig geworden. Der Sect nahm kein Ende. Der Graf trank sehr viel; seine Augen schimmerten feucht; allein er schwankte nicht, tanzte noch besser, sprach sehr sicher und sang sehr gut mit dem Chorsang, sogar mit Stjoscha die zweite Stimme, als sie „Der Freundschaft zartes Regen" vortrug.

Während des Tanzes kam der Wirth, der Besitzer

dieses Gasthofes und ersuchte seine Gäste, nach Hause zu fahren, da es schon drei Uhr morgens sei.

Der Graf nahm den Wirth beim Kragen und befahl ihm mitzutanzen. Als der Wirth sich weigerte, stellte ihn der Graf mit den Beinen nach oben, ließ die Anderen ihn so festhalten und goß dann unter allgemeinem Gelächter eine Flasche Sect über ihn aus.

Es wurde mittlerweile hell. Alle mit Ausnahme des Grafen waren übernächtig und bleich.

„Uebrigens, jetzt ist es auch Zeit für mich, nach Moskau zurückzukehren,“ sagte er plötzlich und erhob sich: „Kommt Alle mit mir, Kinder! Begleitet mich! Wir wollen noch Thee mit einander trinken!“

Alle waren damit einverstanden mit Ausnahme des wieder eingeschlafenen Familienvaters, der allein zurückblieb. Die Uebrigen pfropften sich, so gut es ging, dicht zusammen in die drei Schlitten, die vor dem Hause hielten, und fuhren in den Gasthof des Grafen. —

VII.

„Anspannen!“ rief der Graf in den Saal des Gasthofes, in welchen er mit seiner ganzen Gesellschaft und den Zigeunern eintrat: „Saschka! Nicht der Zigeuner Saschka! Sondern Du! Sag’ dem Postmeister, er bekäme Prügel, wenn er mir schlechte Pferde gäbe. Und gieb uns Thee! Besorg’ Thee, Sawalschewsky; ich will einmal bei Iljin vorschauen und sehen, wie’s dem geht!“

fügte er hinzu, trat in den Korridor hinaus und begab
sich nach dem Zimmer des Ulanen.

Das Spiel war erst kurz vordem beendigt worden
und Iljin hatte alles Geld bis auf den letzten Kopeken
verloren. Er lag mit dem Gesichte auf dem Sofa, zog
ein Krollhaar nach dem andern aus demselben heraus,
zerbiß es und spie die Stücke aus. Zwei fast schon ganz
niedergebrannte Talglichter auf dem mit Karten bedeckten
Tische kämpften noch schwach gegen das durch die Fenster
eindringende Licht des Morgens an. Eigentliche Gedanken
gab es garnicht in dem Kopfe des Ulanen; wie in dichtem
Nebel lagen alle seine Empfindungen; er empfand nicht
einmal mehr Reue. Er versuchte darüber nachzudenken,
was er jetzt anfangen sollte? Wie sollte er ohne einen
Kopeken von hier fortkommen? Wie die verspielten
15,000 Rubel Kronsgeld wiederschaffen? Was dem Re-
gimentscommandeur, was seiner Mutter, was seinen
Kameraden sagen? Ihn überkam solche Angst, solcher
Ekel gegen sich selbst, daß er aufsprang, im Zimmer auf
und nieder ging, wobei er sich bemühte, genau die Fugen
der Fußbodenbretter festzuhalten, und begann abermals,
alle, selbst die geringsten Einzelheiten des Spiels in sein
Gedächtniß zurückzurufen; er stellte sich vor, wie er hätte
spielen müssen, um die 15,000 zurückzugewinnen, und
daß er sich dann einen Paßgänger hätte kaufen können
und noch ein Paar Pferde und einen Wagen dazu. —
Ja, und was dann noch? Das wäre eine prächtige Sache
gewesen!

Er warf sich wieder auf's Sofa und begann wieder die Haare zu zerbeißen.

„Warum wird da gesungen?" dachte er: „Gewiß amüsiren sie sich mit Turbin! Gehe ich auch hin und betrinke mich gehörig?" —

In diesem Augenblick trat der Graf bei ihm ein.

„Nun, Bruder? Ist Dir der letzte Pust aus-gegangen? wie?" sprach er.

„Ich thu', als ob ich schlafe," dachte Iljin: „Sonst muß ich noch mit ihm schwatzen und ich möchte auch schlafen . . . ."

Aber Turbin trat näher an ihn heran und streichelte ihm den Kopf.

„Nun, Freundchen? Alles flöten gegangen? Viel verspielt? Sag' doch!"

Iljin antwortete nicht.

Turbin zog ihn am Arme.

„Ja, ich habe verloren! Was willst Du?" mur-melte Iljin mit müder und verdrossener Stimme, ohne seine Lage zu verändern.

„Alles?"

„Nun ja — was thut's? Alles! Was geht's Dich an?"

„Hör' mal, sprich aufrichtig mit mir, wie mit einem Kameraden," erwiderte der Graf in Folge des genossenen Weins zärtlich gestimmt und ihm die Haare streichelnd: „Ich habe Dich wirklich lieb gewonnen! Sag' mir's aufrichtig: wenn Du Kronsgelder verspielt hast, will ich

4

Dir heraushelfen, eh' es zu spät ist .... Hast Du
Kronsgelder gehabt?"

Iljin sprang vom Sofa auf.

„Wenn Du willst, daß ich sprechen soll, sprich
nicht mit mir, deshalb, weil .... Bitte! sprich nicht!
Eine Kugel durch den Kopf! Das bleibt mir allein
übrig!" rief er in voller Verzweiflung; sein Kopf sank
auf seine Arme herab und Thränen brachen aus seinen
Augen, obgleich er noch eben so ruhig über einen Paß=
gänger nachgedacht hatte.

„Ach, Du rosiges Mädchen! Wer hat so etwas
nicht auch schon durchgemacht? Das ist noch kein Unglück.
Hoffentlich bringen wir noch Alles in Ordnung. Warte
hier einmal auf mich."

Graf Turbin verließ das Zimmer.

„Wo logirt der Gutsbesitzer Luchnow?" fragte er
den Kellner.

Der Kellner erbot sich ihn hinzuführen. Der Graf
trat ein. Er fand Luchnow im Schlafrock hinterm Tische
sitzen, wo er einen vor ihm liegenden Haufen Geldscheine
nachzählte. Daneben stand eine Flasche Rheinwein, den
er auch liebte. Bei seinem Gewinn konnte er sich dies
Vergnügen gestatten. Kalt über seine Brille wegblickend,
gab er sich ein befremdetes Aussehen, als ob er den
Grafen nicht erkenne.

„Es scheint, Sie erkennen mich nicht wieder," sagte
der Graf und trat festen Schrittes an den Tisch.

„Was wünschen Sie?"

„Ich möchte noch ein wenig mit Ihnen spielen,“ antwortete Turbin.

„Jetzt noch?“

„Ja.“

„Ein andermal mit größtem Vergnügen, Graf. Aber jetzt bin ich zu müde und möchte schlafen. Befehlen Sie nicht etwas Wein? Ein schöner Wein!“

„Nein, ich möchte jetzt spielen.“

„Ich habe keine Lust mehr. Vielleicht spielt noch Einer der anderen Herren, Graf, ich nicht; bitte, entschuldigen Sie mich.“

„Also Sie wollen nicht?“

Luchnow zuckte bedauernd die Achseln.

„Sie spielen ganz entschieden nicht?“

Wieder dieselbe Bewegung.

„Aber wenn ich Sie sehr drum bitte, so werden Sie doch spielen!“

Luchnow schwieg.

„Wollen Sie spielen? Nehmen Sie Sich in Acht!“ sprach abermals der Graf.

Dasselbe Schweigen, nur ein flüchtiger Blick über die Brille in das sich verdüsternde Gesicht des Grafen.

„Spielen Sie?“ rief laut der Graf und schlug mit der Faust auf den Tisch, daß die Flasche umfiel und auszufließen begann: „Sie haben auf unehrliche Weise gewonnen! Wollen Sie mit mir spielen? frage ich Sie zum dritten Mal!“

„Ich habe gesagt: nein! Es ist doch wirklich sonder-

4*

bar, Graf, und wenig anständig, Einem so das Messer
an die Kehle zu setzen," bemerkte Luchnow, ohne die
Augen zu erheben.

Es folgte ein kurzes Schweigen. Das Gesicht des
Grafen ward immer finsterer und bleicher.

Plötzlich ward Luchnow durch einen furchtbaren
Schlag gegen den Kopf betäubt. Er fiel auf's Sofa
zurück und machte noch einen Versuch, sein Geld zusammen
zu raffen. Zugleich schrie er mit einer so durchdringenden,
verzweifelten Stimme, wie man sie ihm gar nicht hätte
zutrauen können, um Hülfe.

Turbin sammelte alles auf dem Tische liegende Geld
zusammen, stieß den seinem Herrn zu Hülfe eilenden
Diener Luchnow's auf die Seite und verließ mit schnellen
Schritten das Zimmer.

„Wünschen Sie Genugthuung, so stehe ich Ihnen zu
Diensten; ich bleibe noch eine halbe Stunde in meinem
Zimmer," wendete er sich in der Thür noch einmal an
Luchnow zurück.

„Spitzbube! Räuber!" scholl es ihm nach: „Ich
werde Dich vor's Criminalgericht ziehen!" —

Iljin war, ohne an des Grafen Versprechungen zu
glauben, in seiner Stellung auf dem Sofa liegen geblieben.
Thränen der Verzweiflung flossen über seine Wangen.
Seit der freundlichen Theilnahme Turbin's erst hatte er
die fürchterliche Wirklichkeit begriffen, und er erkannte,
daß seine an Hoffnungen so reiche Jugend, seine Ehre,
sein Ansehen, seine Träume von Liebe und Freundschaft,

daß Alles dieses für ihn unrettbar verloren sei. Endlich versiechte die Quelle seiner Thränen; das starre Gefühl der Hoffnungslosigkeit bemächtigte sich seiner mehr und mehr, und der Gedanke an Selbstmord verlor immer mehr bei ihm an Schrecken und Abscheu, ward ihm viel= mehr immer vertrauter und lockender. Da erscholl der feste Schritt des Grafen.

Auf Turbin's Gesicht lag noch etwas von seiner grimmigen Wuth, seine Hände zitterten etwas, doch aus seinen Augen leuchtete eine gutmüthige Freude und Be= friedigung.

„Da! Das habe ich zurückerobert!" sprach er und warf einen Haufen Papiergeld auf den Tisch: „Zähl's nach, ob's richtig ist, und dann komm in den Saal, ich werde bald weiter reisen!"

Damit trat er, als ob er die freudige und dankbare Ueberraschung Iljin's gar nicht bemerkte, ein Zigeuner= lied vor sich hinpfeifend, wieder aus dem Zimmer. —

VIII.

Saschka, mit einem Gürtel fest umschnallt, meldete, daß die Pferde zur Verfügung ständen, bat aber, erst hingehen zu dürfen, um den Mantel des Grafen zu holen; dieser hätte mit dem Kragen dreihundert Rubel gekostet; den abscheulichen blauen Bärenpelz wolle er aber dem Spitzbuben zurückgeben, der ihn beim Adels= marschall gegen den Mantel umgetauscht hätte. Doch

Turbin sagte, das sei nicht nöthig, und begab sich in sein Zimmer, um sich reisefertig zu machen.

Der Cavallerist litt am Schlucken und saß schweigsam neben seiner Zigeunerin. Der Polizeimeister bestellte fortwährend Wotki, lud alle Anwesenden ein, bei ihm ein Frühstück einzunehmen und behauptete, seine Frau würde ganz bestimmt auch mit den Zigeunern tanzen. Der hübsche junge Mann setzte auf tiefsinnige Weise Iljuschka auseinander, daß das Klavier ein viel vollständigeres Musikinstrument sei als die Guitarre, da auf dieser ein B-Moll nicht zu greifen sei. Der Beamte trank in einer Ecke trübselig seinen Thee und schien sich beim Tageslicht seiner Ausschweifung zu schämen. Die Zigeuner zankten sich in ihrer Sprache mit einander und bestanden darauf, die Herren noch leben zu lassen, wogegen sich Stjoscha sträubte, indem sie behauptete, der „große Herr" würde das übel nehmen. Alles in Allem war zu erkennen, daß in Keinem mehr ein Funke von Unternehmungslust war.

„Nun zum Abschied noch ein Lied! und dann, marsch! Jeder nach Hause!" rief der Graf und trat frisch, munter und schöner wie je, im Reiseanzug mitten in den Saal.

Die Zigeuner setzten sich wieder in einen Kreis zusammen und kaum begannen sie zu singen, als Iljin in's Zimmer kam und den Grafen auf die Seite führte.

„Ich hatte nur 15,000 Kronsgelder und Du hast mir 16,300 gegeben; die gehören also Dir," sagte er.

„Gut denn, gieb her!"

Iljin gab ihm 1300 Rubel, sah ihn schüchtern an, öffnete den Mund, wie um noch etwas zu sagen, doch dann errötete er, Thränen traten ihm in die Augen; er ergriff des Grafen Hand und drückte sie schweigend. „Scheer' Dich .... He! Iljuschka! Hör' mal! Da ist Geld! Dafür begleitet Ihr mich bis zum Thore mit Gesang!" rief Turbin und warf die tausend dreihundert Rubel auf Iljuschka's Guitarre. Dem Cavalleristen die ihm gestern geliehenen hundert Rubel wieder zurückzugeben, vergaß er freilich.

Es war bereits zehn Uhr morgens; die Sonne hatte sich schon über die Dächer erhoben, in den Straßen lief das Volk hin und her, die Kaufläden waren schon längst geöffnet, Wagen rasselten über das Pflaster, Damen begaben sich nach dem Kaufhofe, als die Zigeunerbande und hinter ihr der Polizeimeister, der Kavallerist, der hübsche junge Mann, Iljin und der Graf auf die Freitreppe des Gasthofes heraustraten.

Der Tag war sonnig und es war Thauwetter.

Drei Schlitten fuhren vor und die ganze Gesellschaft nahm darin Platz. In den ersten Schlitten setzten sich der Graf Turbin, Iljin, Stjoscha, Iljuschka und Saschka, der Bursche. Blücher war außer sich; er wedelte mit dem Schwanze, sprang umher und bellte das mittelste Pferd an. In die anderen beiden Schlitten setzten sich die anderen Herren mit den übrigen Zigeunern und Zigeunerinnen. Die Schlitten fuhren neben einander und die Zigeuner stimmten einen Chorgesang an.

So ging's mit Gesang und Schellengeläute durch die Straßen bis zum Schlagbaum; alle entgegenkommenden Fuhrwerke wurden gegen die Bürgersteige gedrängt.

Hinter dem Schlagbaume hielten die Dreigespanne an und Alle nahmen Abschied vom Grafen.

Iljin, der noch zu guter letzt ziemlich viel getrunken und bisher selbst die Zügel geführt hatte, ward plötzlich sehr traurig und suchte den Grafen zu bereden, noch einen Tag zu bleiben; doch als er sah, daß kein Zureden diesen bewegen konnte, fing er plötzlich an, ihn unter Thränen zu küssen und sagte, sobald er zurückkäme, wolle er um seine Versetzung unter die Husaren und zwar in Turbin's Regiment einkommen.

Der Graf war sehr aufgeräumt; den Cavalleristen, der ihn an diesem Morgen endgültig duzte, warf er in eine tiefe Schneeschanze, auf den Polizeimeister hetzte er Blücher, Stjoscha griff er unter die Arme, um sie mit sich nach Moskau zu nehmen und endlich sprang er in den Schlitten und setzte Blücher neben sich, der durchaus unten in der Mitte stehen wollte. Saschka, sein Bursche, bat noch einmal den Cavalleristen, Jenem den Mantel des Grafen abzunehmen und denselben ihnen nachzusenden, und sprang auf den Bock. Der Graf rief „Vorwärts!" nahm die Mütze ab, schwenkte sie über dem Kopfe und pfiff nach Art der Fuhrleute auf die Pferde.

Die Schlitten trennten sich.

Weit vor ihnen hin schimmerte die weiße, eintönige Schneefläche, durch die sich nur der schmutzig-gelbe Streifen

der Landstraße zog. Die Sonne leuchtete grell auf dem
schmelzenden Schnee, ihn mit einer zarten, durchsichtigen
Eiskruste überziehend, und ihre Strahlen wärmten an=
genehm das Gesicht und die Schultern. Die Pferde
dampften, die Schellen klingelten, plötzlich erinnerte sich
der Graf an Anna Fedorowna.

„Halt! Zurück!“ rief er.

Der Kutscher begriff nicht sofort.

„Umwenden! Zurück zur Stadt! Geschwind!“

Wieder fuhr das Dreigespann durch den Schlag=
baum und hielt bald an der Freitreppe des Saizew'schen
Hauses.

Der Graf eilte schnell die Stufen empor, ging durch
das Vorzimmer und durch den Salon, fand die Wittwe
noch schlafend in ihrem Bette, nahm sie in die Arme,
hob sie empor, küßte sie auf die verschlafenen Aeugelchen
und lief schnell wieder hinaus:

Anna Fedorowna, kaum halb erwacht, leckte sich nur
die Lippen und fragte: „Was ist denn?“

Der Graf sprang in den Schlitten, trieb den Fuhr=
mann zur Eile an und, ohne weiter an die Wittwe, an
Luchnow, an Stjoscha zu denken und nur sein Ziel in
Moskau vor Augen, verließ auf Nimmerwiedersehen die
Stadt K. —

IX.

Mehr als zwanzig Jahre waren seitdem vergangen.
Viel Wasser war inzwischen den Berg heruntergeflossen,
viele Menschen gestorben, viele geboren, aufgewachsen und

alt geworden, aber noch mehr neue Ideen gekommen und gegangen; von dem Alten war viel Gutes und Schlechtes zu Grunde gegangen, aber auch viel schöner junger Nachwuchs war in der Gotteswelt aufgesproßt, freilich auch fast noch mehr verkrüppeltes und nicht lebensfähiges Neues.

Graf Fedor Turbin war schon längst von einem Ausländer, den er auf offener Straße mit der Peitsche geschlagen hatte, im Duell todtgeschossen worden. Ein Sohn von ihm, ihm ähnlich wie ein Tropfen Wasser dem andern, ein dreiundzwanzigjähriger schmucker Jüngling, diente in der Garde zu Pferd. Aber moralisch war der junge Graf Turbin seinem Vater garnicht ähnlich.

Er besaß keine Spur von den jähzornigen, leidenschaftlichen und, der Wahrheit nach, fast liederlichen Neigungen der vorhergehenden Jahrzehnte. Er hatte die guten Gaben seines Vaters geerbt, besaß viel Verstand, eine gute Bildung, große Neigung zu einem anständigen und comfortablen Leben, einen klaren Blick, Welt- und Menschenkenntniß und war verständig und umsichtig. Das waren seine guten Eigenschaften.

Auch im Dienst hatte der junge Graf schon eine gute Carriere hinter sich. Beim Beginn der kriegerischen Zeit hatte er es für sein Avancement für vortheilhafter gehalten, bei der activen Armee einzutreten und so war er bereits mit dreiundzwanzig Jahren Rittmeister bei den Husaren und befehligte eine Escadron.

Es war im Mai 1848, da kam das S.'sche Hu-

farenregiment auf seinem Marsche durch das Gouver=
nement von K., und die von dem jungen Grafen Turbin
commandirte Escadron sollte in dem Dorfe Morosowka,
welches der Anna Feborowna gehörte, übernachten.
Anna Feborowna lebte noch, war aber schon so
wenig jung, daß sie selbst sich nicht mehr für jung hielt,
was bei einer Frau viel sagen will. Sie war sehr stark
geworden, was, wie man behauptet, Frauen jünger machen
soll; aber auf dieser weißen Leibesfülle zeigten sich doch
schon große, weiche Falten. Sie fuhr garnicht mehr in
die Stadt und kletterte nur noch mühsam in den Wagen
hinein. Aber sie war noch ebenso gutmüthig und etwas
einfältig; man konnte das ja jetzt der Wahrheit nach
sagen, da diese durch ihre Schönheit nicht mehr zu be=
stechen war.

Bei ihr lebte ihre Tochter Lisa, eine zweiundzwanzig=
jährige Schönheit und ihr Bruder, der uns bekannte
Cavallerist, der durch seine Leichtlebigkeit sein eigenes
Vermögen ziemlich verschwendet und jetzt als ältlicher
Mann sein Unterkommen bei seiner Schwester gefunden
hatte. Das Haar auf seinem Haupt war ganz ergraut;
seine Oberlippe begann einzufallen, aber der Schnurrbart
darüber war um so sorgfältiger gewichst. Runzeln be=
deckten nicht nur seine Stirn und Wangen, sondern auch
die Nase und den Hals. Auch sein Rücken war etwas
gekrümmt, aber in seinen magern krummen Beinen fanden
sich noch immer die Anzeichen eines ehemaligen Caval=
leristen.

In dem kleinen Salon des alten Häuschens, von dem die Fenster und eine offenstehende Balconthür nach einem mit alten Linden sternförmig bepflanzten Garten hinausführten, saß die ganze Familie und Hausgenossen= schaft der Anna Feborowna beisammen.

Anna Feborowna, mit grauem Haar und in einer blauen Kazaweika (Hausjacke) saß auf dem Sofa hinter einem runden Mahagonitische und legte Karten.

Ihr alter Bruder saß in reinen weißen Beinkleidern und einem blauen Rock am Fenster und häkelte auf einer Gabel eine Schnur aus weißer Baumwolle; diese Be= schäftigung, welche er gern trieb, weil er zu nichts anderem mehr als höchstens noch zum Zeitungslesen taugte, hatte ihm seine Nichte beigebracht, als seine Augen anfingen schwach zu werden.

Neben ihm saß Pimotschka, eine von Anna Feborowna angenommene Pflegetochter, und lernte ihre Lection unter der Aufsicht und Anleitung Lisa's, welche zugleich Strümpfe aus Ziegenwolle für ihren Oheim strickte.

Die letzten Strahlen der untergehenden Sonne fielen wie gewöhnlich um diese Zeit vielfach getheilt durch die Lindenallee in das letzte Fenster auf die vor demselben stehenden Etagère. Im Garten und Salon war es so hell, daß man deutlich den am Fenster schnell vorüber= schießenden Flügelschlag der Schwalbe vernahm oder im Zimmer das leise Seufzen der Anna Feborowna oder das Aechzen des alten Mannes, wenn er ein Bein über das andere legte.

„Wie muß ich dies legen, Lisa? Zeig' doch; ich vergesse es immer wieder," sprach Anna Feborowna und hielt im Patiencelegen inne.

Ohne mit ihrer Arbeit aufzuhören, näherte sich Lisa ihrer Mutter und sah die Karten an.

„Ach, dies haben Sie nicht richtig gemacht, Täubchen, Mutterchen," sagte sie und legte die Karten anders: „So mußte es eigentlich sein. Das, was Sie sich gedacht haben, wird aber doch in Erfüllung gehen," setzte sie hinzu und nahm unbemerkt eine der Karten ab.

„Na, Du betrügst mich immer! Sagst immer, daß es auskommt!"

„Nein, wirklich! Es kommt doch so aus."

„Nun gut, gut! Du willst mich verwöhnen! Aber wäre es nicht Zeit, Thee zu trinken?"

„Ich habe schon angeordnet, daß der Samowar gebracht wird. Ich will gleich einmal nachsehen. Soll er hierher gebracht werden? . . . . Nun, Pimotschka, mach' schneller Deine Aufgabe fertig; dann laufen wir nach draußen!"

Und Lisa ging zur Thür.

„Lisotschka! Lisa!" rief der Onkel, aufmerksam seine Gabel betrachtend: „Ich habe, glaub' ich, wieder eine Masche fallen lassen; nimm sie mir auf, Täubchen."

„Gleich, gleich! Ich will noch etwas Zucker schlagen lassen."

Und wirklich, noch drei Minuten war sie wieder im Zimmer, trat zu dem Onkel und nahm ihn beim Ohrläppchen:

„Das haben Sie dafür," sagte sie lachend: „Haben nicht richtig zu Ende gehäkelt!"

„Na, laß nur, laß! Mach' es mir zurecht. Das ist da wohl ein Knoten?"

Lisa nahm die Gabel, zog aus ihrem Busentuch eine Stecknadel, so daß die in's Fenster eindringende Zugluft ihr das Tuch auseinanderwehte, hob damit die Masche auf, zog einigemal durch und gab die Gabel dem Oheim zurück.

„Nun küssen Sie mich dafür auch," sagte sie und hielt ihm die Wange hin, während sie sich das Tuch wieder zusteckte: „Heute bekommen Sie Thee mit Rum, denn heute ist Freitag."

Damit ging sie wieder in's Theezimmer.

„Onkelchen! Kommen Sie einmal her! Da kommen Husaren zu uns!" erscholl von dort ihre klangvolle Stimme.

Anna Fedorowna trat mit ihrem Bruder in das Theezimmer, durch dessen Fenster man in's Dorf blicken und dort die Husaren sehen konnte. Viel war nicht zu erkennen: man sah nur Staub, in welchem sich eine Menschenmenge bewegte.

„Das ist aber schade, daß hier der Raum so be-schränkt ist," bemerkte der Onkel: „Und das Wirthschafts-haus ist auch noch nicht fertig, sonst hätten wir die Officiere hierher bitten können. Diese Husarenofficiere sind immer so prächtige, muntere Jungen! Ich hätte sie gern einmal wiedergesehen!"

„Ja, ich wäre ganz damit einverstanden," erwiderte
Anna Fedorowna: „Aber Sie wissen ja selbst, Bruder,
wir haben keinen Platz: mein Schlafzimmer, Lisa ihres,
der Salon und dann noch diese, Ihre Stube — das ist
Alles! Sagen Sie selbst, wo sollten wir sie wohl unterbringen? Michailo Matjew hat ihnen das Häuschen des
Staroften (Dorfvorftehers) eingeräumt, und er sagt, dort
wäre es ganz sauber . . . "

„Und wir hätten Dir unter ihnen einen Bräutigam
ausgesucht," sagte der Onkel zu Lisa.

„Nein, ich will keinen Husaren, lieber einen Ulanen.
Sie standen ja auch bei den Ulanen, Onkel? Von diesen
da will ich nichts wissen. Die sind Alle solche Tollköpfe,
sagt man."

Und Lisa erröthete ein wenig, doch gleich erscholl
wieder ihr klangvolles Lachen.

„Da kommt Uftjuscha angelaufen; sie muß uns erzählen, was sie gesehen hat."

Anna Fedorowna ließ Uftjuscha kommen.

„Nein, wie kannst Du wohl bei der Arbeit sitzen
bleiben, wenn da Soldaten zu sehen sind!" redete Anna Fedorowna sie an: „Nun, wo sind die Officiere angekehrt?"

„Beim Staroften, Barinja (Herrin)! Es sind ihrer
zwei, aber so schöne! Der Eine, sagt man, sei ein
Graf . . . "

„Und wie heißt er?"

„Kasarow oder Tirbinow, so ungefähr — Entschuldigen Sie, ich hab's vergessen."

„Das ist mal ein Dummkopf! Nichts kann sie erzählen! Hättest Du doch wenigstens die Namen merken
können!"

„Ich kann ja noch einmal hinlaufen . . . "

„Ja, darin bist Du groß, das weiß ich. Nein,
Danilo soll hingehen. Sagen Sie ihm, Bruder, daß er
hingeht und sich erkundigt, ob wir den Herren Officieren
nicht mit etwas dienen könnten? Diese Aufmerksamkeit
muß man ihnen wohl erweisen . . . . Und die Barinja
ließe sie fragen."

Die Alten ließen sich jetzt im Theezimmer nieder;
Lisa ging in die Mädchenstube und füllte den geschlagenen
Zucker in den Kasten, während ihr Ustjuscha von den
Husaren erzählte.

„Ach, Fräulein, das ist 'mal ein Schöner, der Graf,"
sagte sie, „wie ein dunkelbräunlicher Cherubin. Solch einen
Bräutigam müßten Sie haben, das wäre 'mal ein hübsches
Paar!"

Die anderen Hausmädchen lächelten zustimmend; die
alte, mit einem Strickstrumpf am Fenster sitzende Wärterin
seufzte, hielt den Athem an und murmelte ein Gebet vor
sich hin.

„Also die Husaren haben Dir so gefallen?" entgegnete Lisa: „Du verstehst übrigens ganz hübsch zu erzählen. Aber jetzt nimm den Fruchtsaft, Ustjuscha; wir
wollen den Husaren etwas Erfrischendes zu trinken geben."

Und lächelnd verließ sie mit dem Zuckerkasten die
Stube.

„Ich möchte doch auch einmal diesen Husaren sehen‟, dachte sie: „Ist er brünett oder blond? Ich meine, er würde sich doch auch freuen, mit uns bekannt zu werden. Und geht er so vorüber, wird er nicht erfahren, daß Eine da war, die an ihn gedacht hat. Außer dem Onkel und Ustjuscha sieht mich Keiner. Wie aber werde ich mich frisiren? Welche Unterärmel ziehe ich an? Ach, Keiner wird das bewundern,‟ seufzte sie auf und betrachtete ihren runden, weißen Arm: „Hochgewachsen muß er sein und große Augen, vielleicht auch einen kleinen schwarzen Schnurrbart haben. Nein, jetzt bin ich schon zwei und zwanzig Jahre alt und Keiner hat sich in mich verliebt, als nur dieser pockennarbige Iwan Jzatitsch; und vor vier Jahren sah ich auch noch besser aus: so ist meine Mädchenjugend Niemandem zur Freude vorübergegangen! Ach, ich unglückliches, unglückliches Landfräulein!‟

Die Stimme der Mutter, die ihr rief, den Thee einzuschenken, schreckte sie aus diesem kurzen Sinnen auf. Sie warf ihr Köpfchen zurück und trat in's Theezimmer.

Das Beste in der Welt entsteht immer unwillkürlich; je mehr man sich bemüht, um so weniger pflegt es zu gelingen. Auf dem Lande legt man wenig Gewicht auf eine sorgfältige Erziehung und deshalb gelingt diese dort meistens unversehens ganz prächtig. So war es auch mit Lisa gegangen. Bei der Beschränktheit ihres Verstandes und bei der Sorglosigkeit ihres Characters gab Anna Fedorowna ihrer Tochter so gut wie gar keine Erziehung; diese lernte nicht Musik, nicht einmal die doch so

nützliche französische Sprache. Aber sie hatte ihrem verstorbenen Gatten wider Vermuthen ein gesundes hübsches
Kind in diesem Mädchen geschenkt, übergab dasselbe der
Amme und der Wärterin, fütterte es groß, kleidete es in
ein Kattunkleidchen und Lederstiefelchen, schickte es in die
frische Luft hinaus, um Pilze und Beeren zu suchen, lehrte
es lesen, schreiben und rechnen, wobei ihr ein junger
Seminarist Hülfe leisten mußte, und, nach ihrem sechs-
zehnten Jahre, ward Lisa ganz unvermerkt die Freundin
der Mutter und ihre stets muntere, willige und fleißige
Hülfe im Haushalte.

Die gutmüthige Anna Fedorowna hatte stets Pflege-
kinder, d. h. Kinder ihrer Leibeigenen, die ihr in's Haus
gelegt wurden. Seit ihrem zehnten Jahre fing Lisa an,
sich mit diesen zu beschäftigen, sie zu unterrichten, ein-
zukleiden, in die Kirche zu führen und zum Gehorsam
und zur Thätigkeit anzuhalten. Dazu kam noch der hin-
fällige, gutherzige Onkel, den man wie ein Kind pflegen
mußte. Auch die Hofleute und Bauern wendeten sich
an das junge Fräulein mit ihren Bitten in Krankheits-
fällen, und diese heilte sie mit Hollunderbeeren, Pfeffer-
münze und Kampferspiritus. Die Hauswirthschaft war
allmählich ganz in ihre Hände übergegangen. Ihr un-
befriedigtes Bedürfniß nach Liebe richtete sich auf die
Natur und die Religion. Und so war ganz unvermuthet
aus Lisa ein thätiges, von Herzen fröhliches, selbst-
ständiges, reines und echt religiöses Weib geworden.

Zwar kannte auch sie kleine ehrgeizige Leiden beim

Anblick der modernen Hüte ihrer Nachbarinnen, die neben ihr in der Kirche standen; sie konnte sich auch bis zu Thränen über die Launen ihrer alten brummigen Mutter ärgern; auch ihr kamen Liebesträume und Vorstellungen in zuweilen höchst sinnlichen und häßlichen Gestalten —: allein ihre nützliche und ihr schon zum Bedürfniß gewordene Thätigkeit zerstreute Alles dieses wieder, und mit zweiundzwanzig Jahren besaß sie ein reines, fleckenloses, ruhiges Herz und Gewissen und war eine körperlich und seelisch zur vollsten Schönheit entwickelte Jungfrau.

Lisa war von mittlerer Gestalt, eher voll als mager; ihre nicht gerade großen Augen waren braun und ein leichter dunkler Schatten lag unter denselben; sie trug lange dunkelblonde Flechten und ihr Gang war breit und bequem. War sie in Thätigkeit und erregte sie kein besonderer Gedanke, so schien der Ausdruck ihres ruhigen Gesichtes dem Beobachter zu sagen: Lustig und schön ist das Leben, wenn das Gewissen rein ist und man Jemanden hat, den man liebt und für den man sorgt. Selbst in Augenblicken des Verdrusses, der Aufregung, der Unruhe oder Trauer leuchtete etwas durch ihre Thränen, unter der gerunzelten linken Augenbraue, trotz der unwillig zusammengepreßten Lippen aus den Mundwinkeln, aus den Grübchen in den Backen, aus den glänzenden, sonst stets so lebensfroh lachenden Augen hervor, welches sagte, daß sie einen gesunden Verstand und ein ehrliches, gutes und unverdorbenes Herz besaß. —

X.

Es war noch sehr warm, als die Escabron bei Sonnenuntergang in das Dorf Morosowka einrückte. Vor ihr her auf der staubigen Straße lief bald im Trabe, bald stillstehend und sich umblickend, eine von der Heerde getrennte bunte Kuh; ihr kam gar nicht in den Sinn, daß sie einfach nach der Seite hin abzubiegen hatte. Die Dorfbewohner, Greise, Weiber und Kinder, sowie das Hofgesinde drängten sich auf beiden Seiten der Dorf=straße und schauten neugierig nach den Husaren. Diese kamen auf ihren braunen Pferden in einer dichten Staubwolke immer näher. Auf der rechten Seite ritten, nachlässig auf ihren schönen Rappen sitzend, zwei Officiere. Der Eine von ihnen war der Rittmeister Graf Turbin, der andere, ein noch sehr junger Mann, der eben erst vom Junker zum Fähnrich avancirte Polosow.

Aus einer der besseren Hütten trat ein Husar in weißer Blouse hervor und näherte sich salutirend den Officieren.

„Wo ist unser Quartier?" fragte der Graf.

„Für Euer Erlaucht hier beim Starosten", ant= wortete der Quartiermeister mit einem Ruck durch seinen ganzen Körper: „Ich versuchte dort auf dem Gutshofe, doch man sagte mir, da sei kein Platz.; die Barinja da ist so Eine!"

„Nun gut", erwiderte der Graf, sprang vom Pferde, reckte sich und trat in das Häuschen: „Ist meine Kalesche angekommen?"

„Ist angekommen, Euer Erlaucht", antwortete der Quartiermeister und wies mit der Mütze auf die lederne Kutsche, die von der Thür aus zu sehen war. Dann drängte er sich auf den Hausflur durch die Familie des Bauern, die sich hier versammelt hatte, um den Officier zu betrachten. Er stieß dabei eine alte Frau um, riß die Thür auf und trat auf die Seite, um den Grafen eintreten zu lassen.

Die Hütte war ziemlich geräumig, aber wenig reinlich. In derselben befand sich bereits der deutsche, wie ein Herr gekleidete Kammerdiener des Grafen, hatte daselbst eine eiserne Bettstelle aufgerichtet und belegt, und war jetzt damit beschäftigt, aus dem Koffer die Wäsche herauszunehmen.

„Pfui! welch ein Schweinestall!" rief ärgerlich der Graf; „Djadenko! konnten Sie bei dem Gutsherrn nichts Besseres finden?"

„Wenn Erlaucht befehlen, schicke ich Jemanden nach dem Herrenhofe", erwiderte Djadenko: „aber dort ist auch nur ein unansehnliches Häuschen, nicht viel größer, als dies hier . . ."

„Jetzt ist es nicht mehr nöthig. Geh!"

Der Graf warf sich aufs Bett und legte die Arme unter den Kopf.

„Johann!" rief er den Kammerdiener: „Du hast mir da wieder, gerade in der Mitte, einen Ballen gemacht! Das Bett machen wirst Du wohl nie lernen!"

Johann wollte den Ballen beseitigen.

„Nein, jetzt ist es nicht mehr nöthig .... Und wo ist mein Schlafrock?" fuhr der Graf mit verdrießlicher Stimme fort.

Johann brachte den Schlafrock. Der Graf, ehe er ihn anzog, betrachtete die Schöße desselben.

„Was heißt das? Du hast die Flecken ja noch nicht herausgemacht?! Das heißt, es giebt keinen schlechteren Diener als Du bist."

Er riß Johann den Schlafrock aus den Händen, zog ihn an und fügte hinzu:

„Sag' einmal, thust Du das eigentlich absichtlich? ... Ist der Thee fertig?"

„Ich hatte bisher noch keine Zeit", entgegnete Johann.

„Dummkopf!"

Der Graf griff nach dem für ihn bereit gelegten französischen Roman und las ziemlich lange schweigend darin. Johann ging inzwischen auf die Flur hinaus und brachte den Samowar zum Kochen.

Der Graf war offenbar schlechter Laune, wahrscheinlich in Folge der Ermüdung, der staubigen und engen Kleidung und des hungrigen Magens.

„Johann!" rief er wieder: „Gieb mir die Rechnung über die zehn Rubel. Was hast Du in der Stadt eingekauft?"

Er sah die ihm überreichte Rechnung durch und fand einige der gemachten Einkäufe zu theuer.

„Gieb mir Rum zum Thee!"

„Rum habe ich nicht gekauft," erwiderte Johann.

„Ausgezeichnet! Wie oft habe ich Dir nicht schon gesagt, daß Rum da sein soll?"

„Das Geld hat nicht gereicht."

„Hat denn Polosow keinen gekauft? Du hättest doch von dessen Burschen welchen nehmen können!"

„Der Kornet Polosow? Das weiß ich nicht. Für Sie habe ich Thee und Zucker gekauft."

„Esel! Marsch fort! Du allein verstehst mich um alle Geduld zu bringen! Du weißt, daß ich nach dem Marsche stets Thee mit Rum trinke."

„Da sind auch zwei Briefe für Sie abgegeben," sagte der Kammerdiener.

Der Graf erbrach im Liegen die Siegel und begann zu lesen. Da trat mit fröhlichem Gesicht der Kornet herein, der inzwischen die Escadron in ihren Quartieren untergebracht hatte.

„Nun, Turbin? hier ist es ja scheinbar garnicht so übel! Aber müde bin ich, das muß ich gestehen. Es war sehr heiß."

„Ja, sehr schön! Ein widerliches, stinkendes Nest, und dabei nicht einmal Rum! Denk Dir, Dein Tölpel hat keinen gekauft, und dieser hier auch nicht! Du hättest ihm das doch auch sagen können ...."

Und er fuhr fort zu lesen; zuletzt knitterte er den Brief zusammen und warf ihn auf die Erde.

Inzwischen war der Kornet auf den Flur hinausgegangen und fragte leise seinen Burschen:

„Warum haſt Du denn keinen Rum gekauft? Du hatteſt doch Geld genug?"

„Ja, was ſollen wir denn immer allein Alles kaufen? Ich allein muß faſt Alles bezahlen, und dieſer Deutſche thut weiter nichts, als ſeine Pfeife rauchen — Weiter nichts!" —

Der zweite Brief mußte minder unangenehm ſein, denn des Grafen Geſicht klärte ſich auf.

„Von wem iſt das?" fragte Poloſow, der in's Zimmer zurückgekehrt war und ſich ſein Nachtlager auf einer Pritſche neben dem Ofen zurecht machte.

„Von Minna," antwortete luſtig der Graf und reichte ihm den Brief: „Willſt Du leſen! Ein reizendes Weib! Wirklich, viel beſſer als unſere Fräuleins! Sieh doch, wie viel Gefühl und Einſicht in dieſem Briefe! Nur Eins iſt ſchlimm: ſie will Geld haben."

„Ja, das iſt ſchlimm!" ſtimmte der Kornet bei.

„Ich habe es ihr zwar verſprochen, aber da kam dieſer Marſch dazwiſchen . . . . Uebrigens, wenn ich noch drei Monate die Escadron befehlige, werde ich ihr etwas ſchicken können. Und wirklich, das ſoll mir nicht leid thun . . . . Nicht wahr? Iſt das nicht ein Vergnügen?" fragte er lächelnd, indem er mit den Augen die Mienen des leſenden Poloſow beobachtete.

„Schrecklich unorthographiſch, aber ſehr nett; ſie ſcheint Dich in der That zu lieben," antwortete der Kornet.

„Hm! das wäre auch! Nur dieſe Art Frauen lieben wirklich, wenn ſie erſt lieben!"

„Und der andre Brief — Von wem ist der?" fragte der Kornet, Minna's Brief zurückreichend.

„Ach, da war so Einer, ein nichtsnützer Mensch — dem bin ich etwas im Kartenspiel schuldig geblieben, und der mahnt mich jetzt schon zum dritten Male. Aber ich kann ihm jetzt nichts geben. Ein ganz dummer Brief!" entgegnete der Graf ziemlich verdrießlich.

Die beiden Officiere schwiegen hiernach ziemlich lange. Der Kornet befand sich offenbar stark unter dem Einflusse des Grafen, trank schweigend seinen Thee, betrachtete dann und wann das schöne Gesicht seines Kameraden, der nachdenklich auf das Fenster blickte, und konnte sich nicht entschließen, ein neues Gespräch anzufangen.

„Ach was! Es kann noch Alles sehr gut werden," wandte sich plötzlich der Graf mit munterer Kopfbewegung an Polosow: „Wenn es noch bei uns in diesem Jahre zur Beförderung und womöglich zu einem Gefechte kommt, dann kann ich die andern Rittmeister bei der Garde noch überflügeln ...."

Das Gespräch während der zweiten Tasse Thee drehte sich weiter um dieses Thema, als der alte Danilo eintrat und die Empfehlung seiner Herrin, der Anna Fedorowna, überbrachte.

„...... und haben noch befohlen zu fragen, ob Euer Gnaden nicht der Sohn des Grafen Fedor Iwanowitsch Turbin seien?" fügte Danilo aus eigenen Stücken hinzu, da er den Familiennamen des Officiers erfahren

hatte und sich noch sehr wohl an den Besuch des verstorbenen Grafen in der Stadt K. erinnerte: „Unsere
Barinja Anna Fedorowna waren sehr bekannt mit demselben."

„Das war mein Vater, melde das Deiner Herrin,
aber ich dankte sehr, wir bedürften nichts; nur sage, wir
ließen fragen, ob da nicht irgendwo ein reinliches Stübchen
wäre, im Herrenhause oder sonst irgendwo." —

„Wozu das?" fragte Polosow nach Danilo's Weg-
gange: „als ob's nicht einerlei ist, eine Nacht hier oder
da! Und sie werden sich noch einschränken."

„Was schadet's? Ich denke, wir haben uns genug
in diesen verräucherten Hütten herumgetrieben! Man
sieht doch gleich, daß Du kein praktischer Mensch bist.
Warum es nicht mitnehmen, wenn man sich einmal eine
Nacht menschlich unterbringen kann? Und ihnen wird's
im Gegentheil eine außerordentliche Freude sein."

„Nur eins ist unangenehm", fuhr nach einer Weile
der Graf fort und zeigte lächelnd seine glänzend weißen
Zähne: „Wenn diese Dame wirklich meinen Vater gekannt hat! Denn man muß sich immer seines verstorbenen
Papa's wegen schämen. Immer ist da irgend eine scandalöse Geschichte passirt, irgend ein dummer Streich. Deshalb begegne ich garnicht gern solchen väterlichen Bekanntschaften. Uebrigens waren es damals noch andere Zeiten!"
fügte er ernster hinzu.

„Da fällt mir ein, ich habe es Dir noch gar nicht
erzählt", sagte Polosow: „Ich traf neulich den Brigade-

general der Ulanen Jljin; der wünschte sehr, Dich kennen
zu lernen, und sagte, er hielte außerordentlich viel von
Deinem Vater."

„Wird auch wohl ein großer Taugenichts sein, dieser
Jljin!" antwortete Turbin: „Hauptsächlich Eins: alle
diese Herren, die meinen Vater gekannt haben wollen,
glauben mir einen Gefallen zu thun, wenn sie mir so
nette Dinge von Papa erzählen, ich sage Dir, Dinge,
daß man sich ordentlich geniren muß. Nun ja — ich
will nicht übertreiben und beurtheile die Sache ganz ohne
Leidenschaft — Vater hatte ein hitziges Blut und
führte zuweilen nicht sehr hübsche Scherze auf, aber das
lag damals in der Zeit. In unserem Jahrzehnte wäre
aus ihm vielleicht ein sehr verständiger Mensch geworden,
denn seine Fähigkeiten — die Gerechtigkeit muß man ihm
widerfahren lassen — müssen coloſſal gewesen sein . . . ."

Es war keine Viertelstunde vergangen, als Danilo
zurückkehrte und den Officieren die Einladung seiner
Herrin überbrachte, in ihr Haus überzusiedeln und dort
zu übernachten. —

XI.

Als Anna Fedorowna erfuhr, daß der Husaren-
officier der Sohn des Grafen Fedor Turbin sei, war
sie sehr aufgeregt geworden.

„Ach, mein Väterchen! Ach, mein Täubchen! Danilo!
Lauf' schnell hin, sag' ihnen, die Barinja ließe sie sehr
bitten herzukommen," rief sie, sprang auf und eilte mit
schnellen Schritten in die Mädchenstube: „Lisa! Ustjuschka!

Dein Zimmer muß eingerichtet werden, Lisa! Du kommst
in des Onkels Stube, und Sie, Bruder, übernachten im
Salon . . . Eine Nacht, das schadet nichts!"

„Schadet nichts, Schwester, und sollte ich auf der
Erde schlafen!"

„Der wird aber ein hübscher Mann sein, wenn er
so aussieht, wie sein Vater . . . Wohin willst Du mit
dem Tisch? Nein, hierher!" schwatzte geschäftig Anna
Fedorowna: „Und dann bringe noch zwei Bettstellen,
frage den Verwalter darnach . . . und von der Etagère
hole die beiden Krystallleuchter, die mir der Bruder zum
Namenstage geschenkt hat, und stecke Stearinlichter
hinein . . . ."

Endlich war Alles fertig. Trotz der Einmischung
ihrer Mutter hatte Lisa das ganze Zimmer für die beiden
Officiere nach ihrer Weise eingerichtet. Sie holte reine,
nach Reseda duftende Bettwäsche, machte die Betten, ließ
eine Karaffe voll Wasser bringen, stellte die Lichter da=
neben auf den Tisch, räucherte auch im Mädchenzimmer
mit Räucherpapier und siedelte selbst mit ihrem Bettchen
in das Zimmer ihres Onkels über.

Anna Fedorowna ward jetzt ein wenig ruhiger, setzte
sich wieder auf ihren Platz, nahm sogar die Karten
wieder zur Hand, aber ohne sie auseinander zu legen,
stützte sich auf ihre vollen Ellenbogen und begann nach=
zusinnen.

„Die Zeit, ach, wie geht die Zeit dahin!" flüsterte
sie leise vor sich hin: „Wie lange ist das denn her?

Er steht mir noch wie vor Augen! Ach, was war er für ein Schelm!"

Und die Thränen traten ihr in die Augen.

„Jetzt ist Lisa — — Nein, die ist doch nicht so, wie ich in jenen Jahren! Ein schönes Mädchen, aber nicht so, nicht so! — Lisa! Du könntest für diesen Abend Dein Kleid von Mousseline de laine anziehen . . . ."

„Wollen Sie sie denn einladen, Mama? Lieber doch nicht, Mama", antwortete Lisa, die über den Gedanken, hier bald die Officiere zu sehen, eine sehr heftige Erregung fühlte: „Nein, lieber nicht, Mama!"

Und in der That, sie wünschte nicht so sehr, sie zu sehen, sondern sie fürchtete sich vielmehr vor einem sie allzu sehr erregenden Glücke, welches, wie es schien, sie erwartete.

„Vielleicht werden sie selbst wünschen, mit uns bekannt zu werden, Lisa", sagte Anna Fedorowna und strich ihr über das Haar, wobei ihr der Gedanke kam: „Nein, das ist nicht das Haar, das ich in jenen Jahren besaß . . . . Ach, Lisa, wie wünschte ich Dir . . . ."

Sie hegte allerdings Wünsche für ihre Tochter, allein an eine Heirath mit dem Grafen war wohl kaum zu denken, und ein solches Verhältniß, in welchem sie zu dem Vater gestanden, konnte sie ihr nicht wünschen — und doch wünschte sie ihr dergleichen, hätte ihr etwas Aehnliches so sehr gegönnt; im Glück ihrer Tochter hätte sie so gern noch einmal jenes Glück durchlebt, welches sie mit dem Verstorbenen genossen hatte.

Auch den alten Cavalleristen hatte die Ankunft des

Grafen ziemlich aufgeregt. Er war in sein Zimmer gegangen und hatte sich eingeschlossen. Eine Viertelstunde
später erschien er wieder in einem ungarischen Rocke und
blauen Beinkleidern; er zeigte ein halb verlegenes, halb
zufriedenes Gesicht, etwa wie ein junges Mädchen, das
zum ersten Mal ein Ballkleid trägt. So begab er sich
nach dem für die Gäste bestimmten Zimmer.

„Ich will mir doch einmal die jetzigen Husaren ansehen, Schwester; der verstorbene Graf war noch wirklich
ein echter Husar. Will diese doch einmal sehen, will sehen."

Die Officiere waren die Hintertreppe hinauf in das
für sie eingerichtete Zimmer gestiegen.

„Siehst Du wohl," sagte der Graf und warf sich
mit den bestäubten Stiefeln auf das für ihn bereitete
Bett: „Hier ist es doch besser als dort unter den Wanzen!"

„Freilich, viel besser! Aber sich so diesen Herrschaften
verpflichten . . . ."

„Unsinn! Man muß vor Allem stets practisch sein. Sie
werden sich bestimmt außerordentlich freuen . . . . Johann,"
rief er: Frag' einmal, ob wir nicht die Fenster mit Etwas verhängt bekommen könnten; es wird sonst in der
Nacht ziehen."

In diesem Augenblick trat der alte Herr ein, um
die Bekanntschaft der Officiere zu machen.

Indem er zuweilen leicht erröthete, nannte er sich
natürlich einen Cameraden des verstorbenen Grafen; erzählte, daß er dessen besonderes Wohlwollen genossen, und
verstieg sich sogar zu der Behauptung, daß er von dem

Verewigten mehr als einmal Wohlthaten empfangen habe. Ob er unter diesen Wohlthaten des Verewigten das ver= stand, daß er die demselben geliehenen hundert Rubel nie zurückerhalten hatte, oder das, daß er ihn in den Schnee geworfen oder ihm einige Grobheiten in's Gesicht geschrieen hatte, das erklärte der alte Herr nicht weiter.

Der Graf war gegen den alten Cavalleristen unge= mein höflich und sprach ihm seinen Dank aus für das Quartier.

„Sie müssen entschuldigen, daß es nicht comfortabler ist, Graf —" (Er hätte beinahe „Euer Gnaden" oder „Erlaucht" gesagt, so sehr hatte er sich schon vom Ver= kehr mit vornehmen Persönlichkeiten entwöhnt) — „das Häuschen meiner Schwester ist nur klein. Aber das da werden wir gleich verhängen, dann wird es gehen," fügte der Alte hinzu und verabschiedete sich unter diesem Vor= wande, einen Fenstervorhang besorgen zu wollen, von den Officieren, thatsächlich aber, um bei seiner Schwester über die Letzteren Bericht abzustatten.

Die hübsche Ustjuscha erschien bald mit einem Shawl ihrer Herrin, um das Fenster zu verhängen. Außerdem war ihr befohlen worden, anzufragen, ob den Herren nicht Thee gefällig wäre.

Das behagliche Quartier hatte unfraglich sehr günstig auf die Stimmung des Grafen eingewirkt; er scherzte herablassend mit Ustjuscha, so daß diese ihn sogar einen „muthwilligen Schelm" nannte, fragte sie, ob das Fräu= lein auch hübsch sei; auf ihre Frage nach Thee antwortete er, sie könnte den Thee seinetwegen bringen, aber lieber wäre es ihm, daß sie ihm, wenn das Abendessen noch nicht fertig sei, etwas Wotki brächte oder einen kleinen Imbiß mit Sherry, falls der zu haben wäre. —

Der Onkel war von der Liebenswürdigkeit des jungen Grafen hoch entzückt; er erhob die junge Generation der Officiere bis an den Himmel und nannte die jetzigen unvergleichlich „avantagöser" als die früheren.

Anna Fedorowna war damit durchaus nicht einverstanden; besser als Fedor Iwanitsch konnte Niemand sein, und zuletzt ward sie sogar ernstlich böse und meinte trocken:

„Für Sie, Bruder, ist immer der Letzte, der Ihnen ein freundlich Gesicht gemacht hat, auch der Beste! Freilich sind die Menschen jetzt klüger geworden, aber Fedor Iwanitsch tanzte eine Ecossaise und war ein so liebenswürdiger Mann, daß, man kann sagen, Alle von ihm entzückt waren; aber mit Keiner beschäftigte er sich so als mit mir — Also: in den alten Zeiten gab es auch gute Menschen!"

Hier kam Ustiuscha und bestellte die Bitte um Wotki und einen Imbiß mit Sherry.

„Aber was machen Sie denn, Bruder? Alles ordnen Sie verkehrt an!" sagte Anna Fedorowna: „Sie hätten doch ein Abendessen bestellen sollen! Lisa! bitte, mach' schnell eins fertig, Herzchen!"

Lisa lief in die Speisekammer, nahm Pilze und frische Rahmbutter und befahl dem Koch, Cotelettes zu bereiten.

„Haben Sie denn noch Sherry, Bruder?"

„Nein, Schwester; hab' auch nie welchen gehabt."

„Wie denn nicht? Was trinken Sie denn zum Thee?"

„Das ist Rum, Anna Feborowna."

„Ist das nicht daſſelbe? So geben Sie Rum, das ist ganz gleich. Wie wäre es, Bruder? Müßten wir ſie nicht eigentlich hierher bitten? Sie wiſſen das beſſer. Es wird ſie doch nicht beleidigen?"

Der Kavalleriſt erklärte, er bürge dafür, daß der Graf ein höflicher Mann ſei und nicht ablehnen würde; er werde ſie ganz beſtimmt herbringen.

Anna Feborowna entfernte ſich, um ihr Grosgros-Kleid anzuziehen und ihre neue Haube aufzuſetzen, und Liſa war ſo beſchäftigt, daß ſie keine Zeit fand, ihr roſa Kattunkleid mit den weiten Aermeln, welches ſie trug, abzulegen.

Ueberbies war ſie im höchſten Grade erregt; ſie war überzeugt, etwas ganz Ungewöhnliches erwarte ſie, und ihr war, als hinge eine dunkle Wolke tief auf ihre Seele herab. Dieſer Huſarengraf däuchte ihr ein ganz neues, für ſie unbegreifliches, aber herrliches Weſen. Sein Cha=rakter, ſeine Gewohnheiten, ſeine Reden, Alles an ihm mußte etwas Ungewöhnliches ſein, anders als was ihr bisher begegnet war. Was er dachte, was er ſprach, mußte klug und wahr, was er that, ehrlich, was er war, ſchön ſein. Das bezweifelte ſie garnicht. Hätte er ſtatt eines Imbiſſes mit Sherry eine Wanne mit Salbei und Wohlgerüchen gefordert, ſie würde ſich nicht darüber ge=

6

wunbert, ihm barüber keine Vorwürfe gemacht, sondern
es für völlig gerecht und nothwendig gehalten haben. —

Als der Kavallerist bem Grafen ben Wunsch seiner
Schwester aussprach, willigte der Letztere sofort ein, fri=
sirte seinen Kopf, zog ben Mantel aus und steckte seine
Cigarrentasche zu sich.

„Jetzt komm," sprach er zu Polosow.

„Ich glaube wirklich, wir würden besser nicht gehen,"
antwortete der Kornet: „Ils feront des frais pour nous
recevoir."

„Unsinn!" erwiderte der Graf französisch: „Es
wird ihnen Vergnügen machen; ich habe mich auch schon
erkundigt, da ist ein hübsches Töchterchen . . . . Also
komm!"

„Je vous en prie, messieurs," sagte der Ka=
vallerist, um ihnen zu verstehen zu geben, daß auch er
Französisch kenne und die Unterhaltung der Officiere
verstanden habe. —

XII.

Als die Officiere in's Zimmer traten, erröthete
Lisa, senkte die Augen, da sie sich fürchtete, jene anzu=
sehen, und that, als nähme das Theeeinschenken sie ganz
in Anspruch. Anna Fedorowna im Gegentheil sprang
schnell auf, verbeugte sich und, ohne die Augen von dem
Gesichte des Grafen abzuwenden, fing sie an, bald seine
außerordentliche Aehnlichkeit mit dem Vater zu preisen,
bald ihm ihre Tochter vorzustellen, bald ihnen Thee mit

Fruchtsaft und Marmelade eigener Kochkunst anzubieten.
Den Kornet beachtete fast Niemand wegen seiner be-
scheidenen Zurückhaltung, worüber er sich sehr freute;
denn ihm bereitete es ein Vergnügen, die Schönheit
Lisa's, die auf ihn einen großen Eindruck gemacht hatte,
soweit der Anstand es ihm gestattete, bis in alle Einzelheiten zu betrachten.

Der Onkel, eine fertige Rede auf den Lippen, horchte
auf das Gespräch seiner Schwester mit dem Grafen und
wartete auf eine Gelegenheit, seine kavalleristischen Erinnerungen zum Besten zu geben.

Der Graf rauchte zum Thee eine so starke Cigarre,
daß Lisa nur mit Mühe einen Husten zurückzuhalten vermochte; dabei war er aber sehr gesprächig und liebenswürdig. Anfangs warf er nur seine Bemerkungen in
die kurzen Pausen des ununterbrochenen Redeflusses der
Anna Fedorowna, schließlich aber hatte er sich fast allein
der Unterhaltung bemächtigt. In seinen Erzählungen
fiel es seinen Zuhörern nur als etwas Eigenthümliches
auf, daß er sich zuweilen solcher Ausdrücke bediente,
welche in Herrengesellschaft nicht für anstößig gehalten
werden, hier aber gewagt erscheinen mußten. Bei solchen
Worten zuckte Anna Fedorowna anfangs zusammen und
Lisa erröthete bis hinter die Ohren; allein der Graf bemerkte das nicht und fuhr, wenn auch einfach und höflich,
in seiner gewohnten Erzählungsweise fort.

Lisa füllte schweigend die Gläser und reichte sie
nicht, sondern schob sie den Gästen zu. Ihre Erregtheit

6*

hatte sich noch immer nicht gelegt und sie lauschte aufmerksam auf die Worte des Grafen. Allmählig beruhigte
sie seine einfache, zuweilen stockende Art zu sprechen. Sie
vernahm da garnicht jene erwarteten überaus weisen
Worte, fand auch in seinem ganzen Wesen garnicht jenes
hoch vornehme Etwas, welches sie unwillkürlich bei ihm
vorausgesetzt hatte. Als sie ihm das dritte Glas Thee
hinschob und dabei ihr schüchternes Auge dem seinen begegnete, senkte er nicht das seine, sondern fuhr fort, sie
ruhig, mit einem kaum merklichen Lächeln anzusehen; da
fühlte sie gegen ihn sogar etwas Feindseliges und fand
jetzt bald, daß in ihm nicht nur nichts Ungewöhnliches
war, sondern daß er sich auch in nichts von allen Anderen, die sie kennen gelernt hatte, unterscheide, daß es
nicht der Mühe werth sei, sich vor ihm zu fürchten und
daß außer den langen sauberen Fingernägeln an ihm
auch gar keine besondere Schönheit sei. Sie ward plötzlich
ruhig, nicht ohne ein leichtes Bedauern, ihren Traum
so schwinden zu sehen, und nur noch der Blick des
schweigsamen Kornets, den sie auf sich gerichtet fühlte,
beunruhigte sie etwas.

„Vielleicht ist es garnicht Der, sondern Dieser!?"
dachte sie. —

XIII.

Nach dem Thee führte Anna Fedorowna ihre Gäste
in das andere Zimmer und setzte sich auf ihren gewohnten Platz.

„Wollen Sie sich nicht etwas erholen, Graf?"
fragte sie: „Womit könnten wir unseren lieben Gästen
dienen? Spielen Sie vielleicht Karten? Bruder, was
meinen Sie? Könnten Sie nicht eine Partie zu Stande
bringen?"

„Vielleicht Preference?" antwortete der Kavallerist:
„Das könnten wir Alle zusammen spielen. Sie spielen
doch, meine Herren?"

Die Officiere erklärten sich zu Allem bereit, was
ihre liebenswürdigen Wirthe wünschten.

Lisa holte aus ihrem Zimmer die alten Karten,
aus welchen sie wahrzusagen pflegte, ob Anna Fedorowna's
Schnupfen bald vergehen, ob der Onkel noch am Abend
aus der Stadt zurückkehren, oder ob heute noch Besuch
kommen würde u. s. w. Obgleich diese Karten ihr jetzt
schon zwei Monate hindurch gedient hatten, waren sie doch
noch reiner als die der Anna Fedorowna, mit welchen
diese Patience zu legen pflegte.

„Sie werden aber wohl kein kleines Spiel zu spielen
wünschen?" fragte der Onkel: „Wir spielen gewöhnlich um
einen halben Kopeken die Partie und dabei gewinnt Anna
Fedorowna uns gewöhnlich Alles ab."

„Ach, ganz wie Sie befehlen, so ist es uns recht,"
entgegnete der Graf.

„Nun denn, also um einen halben Kopeken Assignation!
Und daß Sie mich alte Frau nicht übertrumpfen!" sagte
Anna Fedorowna, setzte sich bequem in ihren Sessel
und zupfte ihre Mantille zurecht. — „Vielleicht gewinne

ich noch einen Rubel von ihnen!" dachte sie, da sie in ihrem Alter eine kleine Leidenschaft für's Kartenspiel angenommen hatte.

„Gestatten Sie mir Ihnen zu zeigen, wie man „Tabelle" spielt und „Misère"? Das ist ganz unterhaltend," fragte der Graf.

Diese neue Petersburger Manier fand den Beifall Aller. Der Onkel versicherte sogar, er hätte es auch schon gekonnt; es wäre ähnlich wie beim Boston, allein er hätte es schon fast ganz wieder vergessen. Aber Anna Fedorowna begriff es durchaus nicht, begriff es so lange nicht, daß sie sich endlich gezwungen fühlte, lächelnd und zustimmend mit dem Kopfe zu nicken und zu erklären, jetzt begreife sie Alles und das ganze Spiel sei ihr klar.

Während des Spiels ward viel gelacht, als Anna Fedorowna mit dem Aß und König blank Misère ansagte und mit Sechsen sitzen blieb. Sie verlor fast ihre ganze Fassung, lächelte verlegen und beeilte sich zu versichern, daß sie sich an die neue Methode durchaus noch nicht gewöhnen könne. Aber es wurde doch für sie angeschrieben und mehr als sie glaubte, da der Graf, der um Geld zu spielen gewohnt war, sehr vorsichtig spielte und garnicht begreifen wollte, was das schlechte Spiel und die Fußstöße des Kornets, die er unter dem Tisch erhielt, bedeuten sollten.

Lisa brachte noch verschiedene Arten Eingemachtes und Obst und stellte sich darauf hinter den Stuhl ihrer

Mutter, um dem Spiel zuzusehen, von Zeit zu Zeit die Officiere zu betrachten, hauptsächlich aber die weißen Hände des Grafen mit den rosigen schön gepflegten Nägeln, die so sicher und erfahren die Karten auf den Tisch warfen und die Stiche einzogen.

Nachdem sich Anna Fedorowna wieder einmal in ihren Trümpfen gänzlich vergriffen und in ihrer Aufregung alle Geistesgegenwart verloren hatte, bemühte sich Lisa, ihre Mutter aus ihrer komischen Lage zu befreien und sagte lächelnd:

„Thut nichts, Mama! Sie werden es schon wieder gewinnen. Ueberlassen Sie das Spiel einmal dem Onkel, dann wird der schon 'reinfallen."

„Wenn Du mir wenigstens helfen könntest, Lisa!" antwortete Anna Fedorowna und sah ihre Tochter ganz verwirrt an: „Ich weiß wirklich nicht, wie ich muß."

„Auf diese Weise versteh' ich auch nicht zu spielen," entgegnete Lisa und zählte in Gedanken die Remis' der Mutter: „So werden Sie viel verlieren! Für Pinotschka's Kleid wird nichts übrig bleiben," fügte sie scherzend hinzu.

„Ja, auf diese Weise sind zehn Silberrubel leicht hin," sagte der Kornet, indem er Lisa ansah und mit ihr ein Gespräch anzuknüpfen wünschte.

„Aber wir spielen doch um Assignationen!" fragte Anna Fedorowna und sah Alle nach einander an.

„Ja, wie denn? Nach Assignationen verstehe ich nicht zu rechnen," erwiderte der Graf.

„Heute rechnet auch Niemand mehr danach," be-

stätigte der Onkel, der sehr sicher spielte und im Ge=
winne war.

Die alte Dame ließ jetzt Schaumwein bringen und
trank selbst zwei Gläser davon. Sie war ganz roth ge=
worden und schien gegen Alles gleichgültig zu werden.
Sogar ein Büschel grauer Haare war ihr unter der
Haube hervorgekrochen, aber sie schob sie garnicht wieder
zurück; sie glaubte schon Millionen verloren zu haben
und sah sich dem Verderben geweiht. Der Kornet stieß
immer häufiger unter dem Tische mit dem Fuß den
Grafen an, doch dieser schrieb nur die verlorenen Spiele
der alten Dame an, bis die Partie zu Ende war.

Wie sehr sich Anna Fedorowna auch bemüht hatte,
sich selbst über ihren Verlust zu täuschen und sich vor=
zureden, daß sie sich in der Zusammenrechnung irre und
nicht richtig zu zählen verstehe, jetzt bei der Abrechnung
gerieth sie in Entsetzen über die Höhe ihres Verlustes,
denn es erwies sich, daß sie 920 points verloren hatte.

„Also das macht in Assignationen 9 Rubel und
zwanzig Kopeken," fragte sie zu verschiedenen Malen und
begriff es garnicht, als ihr Bruder ihr zu ihrem Ent=
setzen erklärte, daß sie zwei und dreißig Rubel und
fünfzig Kopeken verloren habe, die sie nothwendiger
Weise bezahlen müßte.

Der Graf zählte garnicht den ihm zugefallenen
Gewinn nach, sondern erhob sich gleich nach dem Spiel
und trat an's Fenster, neben welchem Lisa etwas kalte
Küche zurecht stellte und eingemachte Pilze aus einem

Glashafen auf einen Teller schüttele. Er that also das
so ruhig und einfach, was der Kornet den ganzen Abend
so sehr gewünscht und nicht fertig zu bringen vermocht
hatte; er begann höchst einfach mit ihr über das Wetter
zu sprechen.

Der Kornet befand sich währenddem in einer nichts
weniger als beneidenswerthen Lage. Mit der Entfernung
des Grafen und noch mehr mit der Lisa's, die sie noch
bei guter Laune zu erhalten verstanden hatte, wurde Anna
Feborowna ganz aufrichtig verdrießlich.

„Es ist einfach gewissenlos, Sie so zu überrumpeln,“
sprach Posolow, nur um etwas zu sagen.

„Ja, Sie hätten noch andere Miseren und Tabellen
ausdenken können! Ich verstehe das nicht. Wie viel macht
es denn in Affignationen?“ fragte sie.

„Zwei und dreißig Rubel fünfzig Kopeken!“ wieder=
holte neckend der Kavallerist, da er hübsch gewonnen
hatte: „Geben Sie das Geld nur heraus, Schwester;
rücken Sie nur damit heraus!“

„Ich werde auch Alles bezahlen, aber ein andermal
lasse ich mich nicht wieder fangen. Das kann ich ja in
meinem ganzen Leben nicht zurückgewinnen.“

Anna Feborowna ging in ihr Zimmer, kehrte, sich
lebhaft in ihren Hüften wiegend, zurück und brachte neun
Rubel Affignationen. Nur auf die bringende Ermahnung
ihres Bruders rückte sie auch mit dem Uebrigen heraus.

Da Polosow etwas Angst hatte, Anna Feborowna
möchte ihn ausschelten, wenn er sich mit ihr in ein Ge=

späch einließ, erhob er sich schweigend, und gesellte sich zu den sich am Fenster Unterhaltenden.

Auf dem zum Abendessen gedeckten Tisch brannten zwei Talglichter. Ihre Flammen flackerten zuweilen in der zum Fenster hereinbringenden frischen, aber doch warmen Luft der Mainacht. In dem offenen Fenster war eine andere Helligkeit als in dem übrigen Zimmer. Der fast volle Mond schwamm über den Wipfeln der hohen Linden und beleuchtete die feinen weißen Wölkchen, die dann und wann an ihm vorüberzogen. Vom Teiche her, dessen vom Mond versilberte Fläche durch eine der Alleen herüberschimmerte, quakten aus Leibeskräften die Frösche. Nah unter dem Fenster im duftigen Flieder-busche, dessen thaufeuchte Blüthen sich zuweilen leise be-wegten, hüpften und flatterten zuweilen irgend welche Böglein umher.

„Welch' ein prächtiger Abend", hatte der sich Lisa nähernde Graf diese angeredet, indem er sich auf die niedrige Fensterbank niedersetzte: „Sie gehen wohl viel spazieren?"

„O ja", antwortete Lisa, die jetzt ihm gegenüber gar keine Verlegenheit mehr fühlte: „Ich habe morgens viel wegen der Wirthschaft zu laufen und mache dann einen Spaziergang mit Pimotschka, das ist nämlich die Pflegetochter von Mama."

„Das Leben auf dem Lande ist sehr angenehm", sagte der Graf, drückte sich ein Monocle vor's Auge und sah bald den Garten bald Lisa an: „Gehen Sie auch Nachts im Mondenschein spazieren?"

„Nein. Im vorigen Jahre gingen wir fast jede Nacht mit dem Onkel spazieren, wenn Mondenschein war. Doch da befiel ihn eine sonderbare Krankheit, Schlaflosigkeit. War Vollmond, konnte er nie einschlafen. Sein Zimmer liegt gerade nach dem Garten hinaus und das Fenster ist sehr niedrig, so daß der Mond da ganz hineinscheint."

„Sonderbar!" bemerkte Turbin: „Ist das nicht Ihr Zimmer?"

„Nein, ich übernachte nur heute dort. In meinem Zimmer logiren Sie."

„Ah! Ist's möglich! Ach, mein Gott! Ich werde mir diese Unruhe nie verzeihen, die wir Ihnen gemacht", sprach der Graf und ließ zum Zeichen der Aufrichtigkeit seiner Gefühle das Glas aus dem Auge fallen: „Hätte ich gewußt, daß wir Ihnen solche Umstände . . ."

„Welche Umstände? Im Gegentheil, ich freue mich sehr. Onkels Zimmer ist so wunderschön, so gemüthlich, und daß Fenster ist so niedrig, daß ich so lange darin sitzen werde, bis ich einschlafe, oder ich klettere auch gar zum Garten hinaus und gehe noch in der Nacht spazieren."

„Was für ein prächtiges Mädchen", dachte der Graf und klemmte wieder das Glas in's Auge; dann, als ob er sich auf dem Fensterbrett etwas bequemer setzen wollte, versuchte er ihr Füßchen mit dem seinen zu berühren. — „Und wie schlau sie mir zu verstehen giebt, wie ich sie sehen kann, wenn ich es will: im Garten, im Fenster."

Lisa verlor in seinen Augen sogar einen großen Theil ihres Reizes. Zu leicht erschien ihm der Sieg über sie.

Er blickte in die dunklen Alleen hinaus und bemerkte schwärmerisch:

„Wie köstlich müßte es sein, solche Nacht im Garten mit einem Wesen, das man liebt, zu verbringen!"

Lisa fühlte, daß sie verlegen ward sowohl durch diese Worte, als durch die wiederholte, wie zufällige Berührung seines Fußes. Ohne nachzudenken, erwiderte sie nur etwas, um nicht verlegen zu erscheinen:

„O ja, es ist sehr angenehm, im Mondenschein spazieren zu gehen."

Es wurde ihr unbehaglich zu Muthe. Sie band den Glashafen, aus welchem sie die Pilze genommen hatte, wieder zu und wollte sich vom Fenster entfernen, als sich der Kornet ihnen näherte. Es regte sich plötzlich in ihr der Wunsch, auch ihn etwas näher kennen zu lernen.

„Welch' eine reizende Nacht," redete auch er sie an.

„Ach, die sprechen immer nur vom Wetter," dachte sie.

„Und welche schöne Aussicht von diesem Fenster," fuhr der Kornet fort: „Aber Ihnen wird das wohl schon langweilig geworden sein?"

Er hatte die sonderbare, ihm eigenthümliche Neigung, immer Dinge zu sagen, die denen, welche ihm gefielen, nicht durchaus angenehm waren.

„Warum meinen Sie?" erwiderte Lisa: „Immer dieselbe Speise oder ein und dasselbe Kleid kann Einem wohl langweilig werden, aber ein schöner Garten nicht, wenn man gern in ihm spazieren geht, zumal wenn der Mond so schön scheint. Aus dem Zimmer des Onkels ist der ganze Teich zu überblicken, und das werde ich heut benutzen.

„Nachtigallen aber giebt es bei Ihnen scheinbar nicht," bemerkte der Graf, der sich ärgerte, daß Polosow dazwischen gekommen war und ihn hinderte, die genaueren Bedingungen des Stelldichein zu erfahren.

„O doch, wir haben immer welche gehabt," antwortete Lisa; „doch im vorigen Jahre haben sie sie uns weggefangen und in der vorigen Woche fing wieder eine so schön an, aber da kam der Bezirksbüttel mit seinem Schellengeläute und verscheuchte sie. Im vorigen Jahre haben der Onkel und ich so oft in der dunklen Allee ge= sessen und wohl zwei Stunden lang auf ihren Gesang gelauscht."

„Was plaudert hier Alles die kleine Schwätzerin aus?" mischte sich der Onkel, der sich ebenfalls jetzt näherte, in's Gespräch: „Wäre es Ihnen nicht gefällig, einen kleinen Imbiß zu nehmen?"

Nach dem Abendessen, während welchem es dem Grafen durch sein Lob der einzelnen Gerichte und durch seinen Appetit einigermaßen gelang, die schlechte Laune der Anna Fedorowna zu verscheuchen, verabschiedeten sich die Officiere und begaben sich in ihr Zimmer.

Der Graf drückte dem Onkel die Hand, auch der Anna Fedorowna, ohne sie zu deren Verwunderung zu küssen, reichte sie sogar Lisa, wobei er ihr gerade in die Augen blickte und ihr auf seine angenehme Weise leicht zulächelte.

Dieses Lächeln und dieser Blick machten wieder das junge Mädchen ganz verwirrt.

„Er ist zwar hübsch," dachte sie, „aber auch sehr von sich selbst eingenommen." —

XIV.

„Aber Du schämst Dich jawohl garnicht," sprach Polosow, als die beiden Officiere in ihr Zimmer zurückgekehrt waren: „Ich habe mir absichtlich soviel Mühe gegeben zu verlieren und stieß Dich immerwährend unter dem Tische an. Die alte Dame war ja ganz erschüttert!"

Der Graf lachte unbändig.

„Eine drollige Person! Wie hat sie sich erbost!"

Und er lachte wieder so ausgelassen, daß sogar der hinter ihm stehende Johann die Augen senkte und leicht mitlächelte.

„Das ist ja der ganze Sohn unseres Hausfreundes! Ha ha ha!"

„Nein, wirklich! Das finde ich nicht hübsch. Sie hat mir ordentlich leid gethan," sagte der Kornet.

„Ach, Unsinn! Du bist noch sehr jung! Wolltest Du denn, daß ich verlieren sollte! Weshalb? Früher, wo ich es noch nicht verstand, habe ich auch genug verloren, und zehn Rubel, Bruder, können wir immer noch

gebrauchen. Man muß das Leben vom praktischen Stand-
punkte aus betrachten, sonst bleibt man ewig ein Dummkopf."

Polosow schwieg. Er hatte sich vorgenommen, un-
gestört an Lisa, die ihm als ein ungemein reines und
schönes Wesen erschien, zu denken. Er kleidete sich deshalb aus und legte sich in das weiche, warme Bett,
welches man ihm hier bereitet hatte.

„Ehre und Ruhm, was bedeuten die?" dachte er,
während er auf das durch den Shawl verhängte Fenster
blickte, durch welches sich einige bleiche Strahlen des Mondes
hineinstahlen: „Das größte Glück ist es doch, in einem
stillen Winkel mit einem liebenden, klugen Weibe zusammen-
zuleben; nur das ist ein echtes, dauerhaftes Glück!"

Aber Polosow fühlte sich garnicht aufgelegt, solche
Gedanken und Träume seinem Freunde mitzutheilen; er
erwähnte sogar mit keiner Silbe des Landfräuleins, obwohl er überzeugt war, daß auch Jener an sie dachte.

„Warum kleidest Du Dich noch nicht aus?" fragte
er endlich den im Zimmer auf und abwandelnden Grafen.

„Ich möchte noch nicht schlafen. Wenn Du willst,
lösche das Licht, ich lege mich noch nicht."

Und er fuhr fort auf und nieder zu gehen.

„So! Ich möchte noch nicht schlafen!" wiederholte
Polosow in Gedanken die Worte des Kameraden; nach
dem heutigen Abend empfand er es zum ersten Male
peinlich, daß er so unter dem Einflusse Jenes stand, und
hatte große Lust, sich dagegen aufzulehnen: „Ich kann
mir vorstellen," räsonnirte er in seinen Gedanken fort,

„was in Deinem schön gekämmten Kopfe vorgeht! Ich habe es wohl bemerkt, daß sie auch Dir gefallen hat! Aber Du bist nicht im Stande, dieses reine, einfache Wesen zu begreifen; für Dich bedarf es nur einer Minna und der Obersten-Epauletts. Ich will ihn doch einmal fragen, wie sie ihm gefallen hat."

Er drehte sich schon in seinem Bette nach Turbin um; doch er bedachte sich wieder und fühlte, daß er nicht im Stande sein würde, mit ihm zu streiten, wenn er wirklich so auf Lisa herabblicken sollte, wie es ihm scheinen wollte, ja, daß er nicht einmal die Kraft haben würde, mit ihm nicht einverstanden zu sein; so sehr war er gewohnt, sich unter seines Freundes Autorität, die ihm täglich lästiger und ungerechtfertigter erschien, zu beugen.

„Wohin willst Du?" fragte er, als er sah, daß Turbin sich die Mütze aufsetzte und zur Thür ging.

„Ich will einmal im Stall nach den Pferden sehen, ob Alles in Ordnung ist."

„Sonderbar!" dachte der Kornet, aber er löschte das Licht, gab sich Mühe, seine unverständigen eifersüchtigen, ja sogar feindseligen Gedanken gegen seinen Kameraden zu unterdrücken, und legte sich auf die andere Seite. —

Um dieselbe Zeit hatte Anna Fedorowna ihren Bruder, ihre Tochter und ihr Pflegekind bekreuzt und sich darnach in ihr Zimmer zurückgezogen. Seit lange hatte die alte Dame nicht mehr so viele und starke Eindrücke an einem Tage empfangen, als an dem heutigen. Sie vermochte deshalb nicht ruhig zu beten; die wehmüthige,

lebhafte Erinnerung an den verstorbenen Grafen und der
Gedanke an seinen jungen geckenhaften Sohn, der sie so
schmählich übervortheilt hatte, kamen ihr nicht aus dem
Kopfe. Doch als sie sich ihrer Gewohnheit nach ausge-
kleidet und ein halbes Glas Wasser, welches auf ihrem
Nachttischchen für sie bereitgestellt war, ausgetrunken hatte,
legte sie sich in's Bett; sie lockte ihre Lieblingskatze und
fing an sie zu streicheln, wozu diese schnurrte; aber sie
konnte immer noch nicht einschlafen.

„Das ist die Katze, die mich stört," dachte sie und
jagte dieselbe fort.

Die Katze sprang weich auf die Erde, drehte langsam ihren flaumenweichen Schweif und sprang auf die
Ofenbank.

Jetzt kam auch das Mädchen, welches bei ihr im
Zimmer auf dem Fußboden zu schlafen pflegte, breitete
ihre Filzdecke aus, zündete die Nachtlampe an und löschte
das Licht. Bald schnarchte das Mädchen, aber der
Schlaf kam noch immer nicht zu Anna Fedorowna und
beruhigte nicht ihre aufgeregten Sinne. Der Husar erschien
wie lebendig vor ihr, sobald sie die Augen schloß, und
sie sah ihn vor sich im Zimmer, wenn sie die Augen
öffnete und bei dem schwachen Schein der Lampe die
Kommode, das Tischchen, das an der Wand hängende
weiße Kleid erblickte. Bald ward es ihr zu heiß unter
dem Federbett, bald tickte ihre Taschenuhr unausstehlich
laut neben ihr auf dem Tischchen, und zuletzt schnarchte
ihr das Mädchen zu laut. Sie weckte sie deshalb und

befahl ihr, nicht zu schnarchen. Aber wieder schwirrten ihr die Gedanken an ihre Tochter, an den alten und den jungen Grafen, an das Kartenspiel wunderlich durch den Kopf; bald tanzte sie mit dem alten Turbin Walzer und betrachtete ihre vollen, weißen Schultern, fühlte auf den= selben plötzlich Küsse und erblickte gleich darauf ihre Tochter in den Armen des jungen Grafen.

„Nein, heute ist das nicht mehr wie damals; die Menschen sind andere geworden. Er war bereit, für mich durch's Feuer zu gehen, und das verlohnte sich auch der Mühe! Aber dieser schläft jetzt gewiß wie ein Ein= faltspinsel und freut sich, daß er im Spiel gewonnen hat; nein, der hat kein Zeug dazu, Herzen zu gewinnen. Aber sein Vater! Oh, wie klang das, als er vor mir auf den Knieen sprach: „Was, befiehlst Du, soll ich thun? Soll ich mich sofort umbringen? oder was willst Du? Und er hätte sich umgebracht, wenn ich es ver= langt hätte!"

Plötzlich erscholl auf dem Korridor der Lauf nackter Füße, und Lisa, in ein großes Tuch gehüllt, eilte bleich und zitternd in's Zimmer und fiel fast auf das Bett ihrer Mutter. —

Lisa war, nachdem sie sich von ihrer Mutter ver= abschiedet hatte, allein in das ehemalige Zimmer ihres Onkels gegangen. Nachdem sie sich ihre weiße Nachtjacke angezogen und ihren langen dicken Zopf in ein Tuch ge= wickelt hatte, löschte sie das Licht, schob die untere Hälfte des Fensters in die Höhe, setzte sich auf einen Stuhl und richtete ihre sinnenden Augen auf die Wasserfläche, die jetzt, vom silbernen Glanze des Mondes ganz über= flossen vor ihr lag.

Alle ihr bisher gewohnten Beschäftigungen und Neigungen erschienen ihr jetzt plötzlich in einem gänzlich veränderten Lichte. Die zweifel= und selbstlose Liebe, ein Theil ihres Selbst, zu ihrer alten launenhaften Mutter, zu dem hinfälligen aber gutherzigen Onkel, zu den übrigen Hausgenossen, zu den Bauern, welche ihr Fräulein ver= götterten, zu den Kühen und zu den Kälbern —: Alles dieses, selbst die ewig wandelbare, heut abgestorbene, morgen wieder neubelebte Natur, in welcher sie, Alle liebend und von Allen geliebt, aufgewachsen war und die ihrer Seele stets einen glücklichen, stillen Frieden zurückzugeben ver= mocht hatte — —: Alles, Alles erschien ihr jetzt nicht als das Richtige, Alles erschien ihr heute eitel und nichtig.

Es war ihr, als hätte ihr Jemand gesagt: „Ach, Du Dummerchen, Dummerchen! Zwanzig Jahre hindurch hast Du eitel thörichte Dinge getrieben, hast Allen, Gott weiß wozu, gedient und hattest keine Ahnung davon, was Leben, was Glück ist!"

Dieser Gedanke erwachte jetzt stärker und lebhafter als je zuvor in ihr, während sie in die Tiefe des stillen, mondburchleuchteten Gartens hineinblickte. Und was brachte sie dazu? Eine plötzliche Liebe zum Grafen? Durchaus nicht: er gefiel ihr gar nicht. Der Kornet hätte ihr Herz schon eher beschäftigen können; doch er war zu unansehn= lich, zu schweigsam, zu zurückhaltend. Ihn vergaß sie

7*

unwillkürlich und zauberte sich in ihrer Vorstellung zu ihrem eigenen Aerger und Verdruß das Bild des Grafen vor Augen.

„Nein, der ist es nicht!" dachte sie.

Ihr Ideal war viel entzückender, das war ein Ideal, welches sie in dieser Nacht, in dieser Natur ohne Ein= buße für deren reine Schönheit hätte lieben können; ein Ideal, welches ihr die rauhe Wirklichkeit durch nichts hätte verkürzen können.

Anfangs war es die Einsamkeit gewesen, das Fern= sein von allen solchen Menschen, welche ihre Aufmerksam= keit auf sich zu ziehen vermocht hätten, was die Liebe, welche die Vorsehung wie in alle, so auch in ihre Seele gelegt hatte, mit ihrer ganzen Gewalt noch so rein und unberührt in ihrem Herzen erhalten hatte; doch jetzt hatte sie schon zu lange mit diesem wehmüthigen Glücke in sich gelebt, um nicht seines Vorhandenseins in sich bewußt zu werden und von Zeit zu Zeit öffnete sie diese geheim= nißvolle Kammer ihres Herzens, um sich an dem Anblick der darin verschlossenen Schätze zu laben, mit denen sie unbedachter Weise gar leicht einen Glücklichen überschütten konnte; o, wenn sie doch diese Schätze, dieses geizige Glück bis an ihr Grab bewahren möchte! Wer weiß, ob das nicht das beste, das einzigste und allein mögliche wahre Glück ist?

„O Gott, mein Heiland," dachte sie: „Ist es mög= lich, daß ich um all mein Glück und meine Jugend ge=

kommen bin, daß es mir nicht mehr naht .... niemals mehr naht? Ist das wirklich so bestimmt?"

Und sie blickte in den hellen Umkreis des Himmels um den Mond; ein leichtes weißes Wölkchen, die Sterne ver= deckend, näherte sich.

„Verdeckt das Wölkchen den Mond, dann ist es so bestimmt," fiel ihr ein.

Ein langer Nebelstreif zog über die untere Hälfte der hellen Scheibe, und das Licht auf dem Rasen, auf den Wipfeln der Bäume und auf der Fläche des Wassers ward langsam blässer, die dunklen Schatten der Bäume wurden minder bemerkbar; und mit dem fahlen Schatten flog über die Blätter ein leiser Windhauch und trug an's Fenster den thaufrischen Duft des Laubes, der feuchten Erde und des blühenden Flieders.

„Nein, es ist nicht bestimmt," tröstete sich Lisa: „Und wenn heute Nacht die Nachtigall wieder zu singen anfängt, dann ist, was ich mir gedacht habe, lauter dummes Zeug, und ich habe keinen Grund zu verzagen."

Lange noch saß sie schweigend da, als ob sie Je= manden erwartete; wieder ward es hell, wieder zogen Wölkchen und Nebelstreifen über den Mond.

Lisa war am Fenster sitzend eingeschlafen. Da weckte sie wieder die Nachtigall mit einem langgezogenen Triller vom Wasser her. Das Landfräulein öffnete die Augen. Neues Entzücken füllte ihre Seele, welche sich wieder in jener geheimnißvollen Verbindung mit der Natur fühlte die sich so licht und friedlich vor ihr ausbreitete. Sie stützte ihr Köpfchen auf beiden Händen. Ein süßes, quälendes Gefühl der Wehmuth zog ihre Brust zusammen und Thränen einer reinen allgemeinen Liebe, die nach Befriedigung dürstete, gute, tröstende Thränen traten ihr in die Augen. Sie faltete ihre Hände auf dem Fenster= brett und legte ihren Kopf darauf. Ihr Lieblingsgebet kam ihr von selbst auf die Lippen und so, mit feuchten Augen, schlummerte sie ein.

Plötzlich weckte sie die Berührung einer Hand. Sie erwachte. Jene Berührung war leicht und angenehm, jene Hand drückte die ihre stärker. Plötzlich ward sie ihrer selbst und der Wirklichkeit bewußt; sie schrie auf, sprang zurück und, indem sie sich selbst zu überreden suchte, daß das nicht der Graf sei, der dort, vom Monden= schein ganz übergossen, vor dem Fenster stand, eilte sie aus dem Zimmer. —

XV.

Graf Turbin war es wirklich. Als er den Aufschrei des jungen Mädchens vernahm und gleich darauf wie zur Antwort das Knarren des Nachtwächters hinter dem Gartenzaun, lief er eiligst in dem Gefühl eines ertappten Diebes über den feuchten Rasen in die Tiefe des Gartens.

„Ach, ich Dummkopf! Ich Dummkopf! Sie so zu erschrecken! Ich hätte das vorsichtiger anfangen müssen, sie anreden! Oh, was bin ich für ein Tollpatsch!"

Er blieb stehen und horchte.

Der Nachtwächter trat durch die Pforte in den

Garten, wobei er seinen Stock auf dem Wege hinter sich
herschleppte. Turbin war gezwungen, einen Versteck zu
suchen. Er ging am Ufer des Teiches längs; die Frösche,
die unter seinen Füßen hervor in's Wasser hüpften, ließen
ihn zusammenschrecken. Hier, trotz des feuchten Grundes,
duckte er sich zusammen und fing an, darüber nachzudenken,
wie er es gemacht hatte, wie er über den Zaun gestiegen,
ihr Fenster aufgesucht urd schließlich die weiße Gestalt erblickt hatte, wie er sich dann, ängstlich auf jedes Geräusch
horchend, behutsam einige Schritte genähert, dann sich
wieder vom Fenster entfernt hatte, wie ihn der Zweifel
ergriffen, ob sie über sein langes Zögern zu kommen verdrießlich sei oder, ob sie ihn wirklich und überhaupt zum
Stelldichein so bald eingeladen haben könne, bis er sich
endlich der Vermuthuug hingegeben, sie stelle sich mit der
Schamhaftigkeit eines Landgänschens nur schlafend. So
näherte er sich entschlossen und erkannte genau ihre ganze
Stellung; doch irgend etwas machte ihn wieder zaghaft,
er zog sich abermals zurück, schämte sich selbst über seine
Unschlüssigkeit, trat wieder dreist auf sie zu und ergriff
ihre Hand. —

Der Nachtwächter knarrte zum zweiten Mal und verließ dann wieder durch die Pforte den Garten. Das
Fenster im Zimmer des Fräuleins ward geschlossen und von
innen noch mit einem Laden versichert Das Alles mitanzu-
sehen, ärgerte den Grafen im höchsten Grade. Er hätte
viel darum gegeben, das Abenteuer noch einmal von
vorne unternehmen zu können; jetzt würde er es schlauer
angefangen haben.

„Ach! Eine so reizende Jungfrau! So frisch, so natürlich! Und das habe ich so verscherzt! Ich bin ein großer Tollpatsch!"

Er hatte jetzt alle Lust zu schlafen verloren. Mit den schweren Schritten eines verdrießlichen Menschen ging er auf's Gerathewohl in den dichten Lindenalleen vorwärts.

Aber endlich brachte auch ihm die versöhnende Ge= walt dieser stillen Nacht eine Art von Entsagung und sanfter Liebessehnsucht. Die durch das dichte Laubdach dringenden bleichen Mondstrahlen zeichneten kleinere und größere Lichtkreise auf den lehmigen, hie und da von hervor= sprossendem Grase oder einem trockenen Zweige bedeckten Weg; das Laub erschien wie versilbert und die Blätter flüsterten mit einander.

Im Hause waren sämmtliche Lichter gelöscht und jedes Geräusch verstummt; nur die Nachtigall erfüllte mit ihren Tönen, wie es schien, den ganzen unbegrenzten stillen und lichten Raum.

„Welch eine Nacht, welch eine wundervolle Nacht!" dachte der Graf, indem er die duftige Frische des Gartens tief in sich einsog: „Nur Eins thut mir leid — Ich bin mit mir, mit den andern, mit der ganzen Welt unzufrieden. Welch' ein reizendes, liebes Mädchen! Vielleicht aber ist sie auch selbst betrübt . . . . ."

Hier nahmen seine Gedanken eine andere Richtung an; er sah sich in den verschiedensten sonderbarsten Situationen im Garten mit diesem Landfräulein; dann trat an deren Stelle seine geliebte Minna:

„Was bin ich nur für ein Dummkopf! Ich hätte sie einfach um den Leib fassen und küssen sollen!"

Mit dem Gefühl der Reue, dies nicht gethan zu haben, kehrte Graf Turbin in sein Zimmer zurück.

Der Kornet schlief noch nicht. Er drehte sich im Bette sofort mit dem Gesichte dem Grafen zu.

„Du schläfst noch nicht?" fragte dieser.

„Nein".

„Soll ich Dir erzählen, was ich eben erlebt habe?"

„Nun?"

„Nein, lieber nicht .... oder doch! Zieh' einmal Deine Beine an." Er sagte sich in Gedanken von aller weiteren Cabale los und setzte sich mit lebhaftem Aus= druck zu seinem Kameraden auf's Bett.

„Stelle Dir vor, das Fräulein hatte mich zu einem Rendezvous bestellt ...."

„Was sagst Du?!" rief Polosow und richtete sich im Bette auf.

„Nun, hör' nur zu ...."

„Wie denn, wann? Das ist ja ganz unmöglich!"

„Damals, als Ihr das Spiel zusammenrechnetet, da sagte sie mir, sie würde heute Nacht am Fenster sitzen, und man könne in dieses Fenster ganz leicht hineinsteigen. Das nenne ich praktisch: während Du Dich mit dem Alten da im Rechnen abquälst, machte ich diese Sache ab. Du mußt es ja selbst gehört haben, wie sie in Deiner Gegenwart wiederholte, sie würde diese Nacht am Fenster sitzen und ihren Teich betrachten ...."

„Ja, aber das sagte sie ganz harmlos!"

„Das ist es eben; ich weiß nicht, ob sie das mit Absicht oder nur so gesagt hat. Es ist ja möglich, daß sie sich nichts dabei gedacht hat, aber man konnte es doch auch so verstehen. Aber die Sache ist schief gegangen. Ich habe mich wie ein Esel betragen;" fügte er mit einem verächtlichen Lächeln über sich selbst hinzu.

„Was ist denn geschehen? Wo bist Du gewesen?"

Der Graf erzählte Alles, wie es zugegangen; nur sein erstes unentschiedenes Schwanken verschwieg er.

„So habe ich es mir selbst verdorben. Ich hätte dreister sein müssen. Nun aber schrie sie auf und lief fort."

„Also sie schrie auf und lief fort!" wiederholte der Kornet mit einem erzwungenen Lächeln auf das verlegene Lächeln des Grafen. Und dieser Mann hatte ihn so sehr und so lange mit seiner Persönlichkeit beherrscht!

„Ja. Aber jetzt ist es Zeit zu schlafen!"

Der Kornet drehte sich wieder mit dem Rücken zum Zimmer und lag so wohl zehn Minuten schweigend und unbeweglich da. Gott weiß, was in seiner Seele vorging. Aber als er sich wieder umwendete, drückte sein Gesicht Schmerz und Entschlossenheit aus.

„Graf Turbin . . . ." sagte er mit bebender Stimme.

„Fantasirst Du? Oder was ist?" antwortete ruhig der Graf. „Was wünschen Sie, Kornet Polosow?"

„Graf Turbin! Sie sind ein Schurke!" rief Polosow und richtete sich in seinem Bette auf. —

XVI.

Am nächsten Tage trat die Escadron ihren Weitermarsch an. Die beiden Officiere hatten ihre Hauswirthe nicht mehr gesehen und sich ohne Abschied von ihnen empfohlen. Mit einander sprachen sie nicht mehr.

Nach ihrer Ankunft am nächsten Rastorte ward ein Pistolenduell verabredet. Aber ein guter Kamerad von Beiden, der Rittmeister Scholz, ein ausgezeichneter Reiter, im ganzen Regiment außerordentlich beliebt und vom Grafen zu seinem Secundanten gewählt, verstand die Sache so einzurichten, daß sie sich nicht nur nicht schossen, sondern daß auch Niemand weiter im Regiment etwas von der ganzen Angelegenheit erfuhr, ja, daß Turbin und Polosow, wenn sie auch nie wieder so befreundet mit einander wurden wie früher, doch Duzbrüder blieben und sich bei Diners und anderen Gelegenheiten nicht vermieden. —

Erzählung eines Marköxs.

Es war wohl gegen drei Uhr. Es spielten der Herr, den wir immer den „hohen Gast" zu nennen pflegten, der Fürst, den man stets in der Begleitung desselben sah, ein Herr mit einem Schnurrbart, ein kleiner Husar, der Schauspieler Olliver und ein polnischer Edelmann. Es war noch ziemlich viel Gesellschaft da.

Der hohe Gast spielte mit dem Fürsten. Ich gehe um das Billard und zähle: zehn zu achtundvierzig, zwölf zu achtundvierzig... Das Leben eines Marförs kennt Jeder. Man hat noch keinen Happen in den Mund und die letzten beiden Nächte keinen Schlaf in die Augen bekommen — aber man hat immer zu zählen und die Bälle wieder hinzulegen. Also ich zähle, plötzlich tritt ein fremder Herr herein. Er macht die Thür zu, sieht sich um und setzt sich aufs Sopha.

Wer kann das sein? d. h.: ist er von hohem oder niedrigem Range? denke ich.

Sehr fein gekleidet, Alles so sauber und funkelnagelneu; carrirte Hosen, Rock nach der neusten Mode, eine Weste von Sammet, eine goldene Kette und allerlei Bammelwerk daran. Aber war er fein gekleidet, so sah er selbst noch feiner aus: zierlich, schlank, modern frisirt, weißer Teint mit rothen Backen, kurz, ein schmucker Kerl.

Unser Einer sieht natürlich sehr verschiedene Leute; die vornehmsten Herren, aber auch allerlei Gesindel. Wenn auch nur Markör, aber Menschen lernt man doch kennen; man bleibt nicht immer dumm.

Gut, ich seh' mir den Herrn an und bemerke, daß er still dasitzt — also mit Keinem bekannt, und der ganze Anzug so neu! „Vielleicht ein Ausländer!" denke ich: „Wahrscheinlich ein Engländer oder auch ein neu angekommener Graf."

Trotz seiner Jugend hatte er doch etwas Wichtiges. Ihm am nächsten saß Olliver — der rückte sogar etwas von ihm ab. —

Die Partie war zu Ende. Der hohe Gast hatte verloren und schnauzte mich an:

„Du machst Alles verkehrt", sagt er, „hast wohl nicht richtig gezählt, weil Du überall herumguckst!"

Schilt, wirft das Queue hin und geht fort.

So sind sie. Am Abend hatte er mit dem Fürsten noch um fünfzig Rubel die Partie gespielt, jetzt hat er nur eine Flasche Macon verloren und ist darüber außer sich! Was für ein Charakter! Ein andermal spielt er mit dem Fürsten bis zwei Uhr, im Netz liegt kein Geld, dann weiß ich schon, Geld hat weder der Eine noch der

Andere; aber renommiren thun sie doch: „Was meinst Du? Wären wohl 25 aus der Ecke zu riskiren?" „Ja, es geht!" Aber dabei gähne Einer mal oder stell' den Ball nicht ganz richtig! Und man ist doch auch nicht aus Stein!? „Wir spielen nicht um Spähne, sondern um Geld!" Das kann mich am meisten ärgern!

Nun gut also. Als der hohe Gast fort war, redete der Fürst den neuen Ankömmling an.

„Wollen Sie mit mir eine Partie machen?"

„Mit Vergnügen!" sagt er.

Er saß so selbstbewußt da, ordentlich zum Be= wundern. Als er aber jetzt aufstand und nach dem Billiard ging, wurde er auf einmal ganz blöde — blöde gerade nicht, aber man sah es ihm an, etwas war ihm nicht recht; ob ihm der neue Rock unbequem saß, oder ob es ihn genirte, daß Alle ihn ansahen, aber so dreist wie vorher sah er nicht aus; geht so etwas von der Seite, bleibt mit der Tasche an den Netzen hängen, reibt das Queue mit der Kreide und läßt sie dabei fallen — hat er gestoßen, guckt er sich um und erröthet, gar nicht so wie der Fürst. Der versteht die Sache: reibt sich nur die Hände mit Kreide, krempt sich die Aermel auf, und kaum fängt er an zu stoßen, da knacken die Bälle nur ordentlich so, trotzdem er auch nur klein ist.

Sie spielten zwei oder drei Partien, da legte der Fürst das Queue hin und sagte:

„Erlauben Sie: mit wem habe ich die Ehre?"

„Nechlydow", antwortete er.

„Ihr Vater war der General?"

„Ja", sagte er.

Hier fingen sie an, sich französisch zu unterhalten. Wahrscheinlich sprachen sie noch von ihren übrigen Bekanntschaften.

„A revoir", sagte zuletzt der Fürst, „ich freue mich sehr, Ihre Bekanntschaft gemacht zu haben."

Er wusch sich die Hände und ging zu Mittag. Der Andere blieb mit seinem Queue am Billard stehen und stieß die Bälle.

Bekanntlich ist es bei uns so Brauch: kommt ein Neuling — je gröber, desto besser. Deshalb fing ich an, die Bälle abzusammeln. Er erröthete und fragte:

„Darf man nicht mehr spielen?"

„Freilich", sage ich, „dazu ist das Billard da!" Sehe ihn aber dabei nicht an und stelle das Queue fort.

„Willst Du mit mir spielen?"

„Gern, mein Herr", sage ich und setze die Bälle wieder auf: „Um Durchkriechen?"

„Was ist das? Um Durchkriechen?" fragt er.

„Ganz einfach", sage ich, „Sie setzen 50 Kopeken und ich klettere unterm Billard durch, wenn ich verliere."

Das erschien ihm drollig. Er lachte.

„Ja, das wollen wir."

„Gut", sage ich, „wie viel geben Sie mir vor?"

„Spielst Du denn schlechter als ich?"

„Wie denn nicht? Solche Spieler wie Sie haben wir wenige."

Wir fingen an zu spielen. Er hielt sich wirklich für einen Meister, stößt mit aller Kraft und der polnische Herr sitzt dabei und sagt:

„Das ist aber ein Ball! Das war ein Stoß!"

Ja, aber wie? Ein Stoß war es, aber ohne alle Berechnung! Nun, wie gewöhnlich, verliere ich die erste Partie, krieche unten durch und stöhne tüchtig. Olliver und der Pole springen auf und stoßen mit den Queue's:

„Prachtvoll! Noch einmal! Noch einmal!"

Jawohl! Der Pole würde für 50 Kopeken nicht nur unterm Billard, sogar unter der blauen Brücke durchkriechen. Aber er schreit doch mit:

„Prachtvoll! Er hat noch nicht allen Staub da unten abgewischt."

Aber ich bin kein Spielverderber. Ich verlor auch die zweite Partie.

„Mit Ihnen, mein Herr", sage ich, „werde ich nicht fertig."

Er lachte. Ich gewann jetzt drei Partien. Dann — er hatte schon 49, ich nichts — legte ich das Queue aufs Billard und sagte:

„Wollen Sie ums Ganze, mein Herr?"

„Wie denn ums Ganze?" fragte er.

„Sie zahlen drei Rubel oder nichts."

„Wie?" sagt er: „Spiel' ich mit Dir um Geld? Dummkopf!"

Er eröthete sogar.

Gut, er verlor die Partie.

„Genug", sagte er, zog eine ganz neue Brieftasche hervor und öffnete sie. Ich merkte, er wollte sie zeigen. Ganz voll Geld, lauter Hundertrubelscheine.

„Nein", sagte er, „da ist kein Kleingeld." Er nahm drei Rubel aus der Börse. „Hier sind zwei Rubel, das Andere ist für Dich als Trinkgeld."

Ich bedankte mich sehr. Ich merkte, er war ein prächtiger Herr. Eins nur war schade: daß er nicht mit mir um Geld spielen wollte; hätte sonst wohl zwanzig, vielleicht vierzig Rubel gewonnen.

Als der Pole bei dem jungen Herrn das Geld sah, sagte er:

„Wollen Sie nicht mit mir eine Partie spielen? Sie spielen so ausgezeichnet."

„Bedaure. Ich habe keine Zeit mehr", sagte er und entfernte sich. —

Gut, aber Nechlydow kam wieder zum zweiten, zum dritten Mal; lernte Alles: mit drei Bällen, à la guerre, Pyramide; wurde dreister, mit Allen bekannt, ward ein recht guter Spieler. Jeder achtete ihn. — Selbstver= ständlich. — Ein reicher junger Herr aus guter Familie. Nur mit dem hohen Gaste gerieth er einmal aneinander — wegen einer Kleinigkeit.

Der Fürst, der hohe Gast, Nechlydow, Olliver und noch Einer spielten zusammen à la guerre. Nechlydow stand am Ofen und unterhielt sich mit Jemandem. Der Hohe war am Spiel. Sein Ball kam in die Nähe des Ofens. Eng war es da · und er holte gern weit aus.

Sah er nun Nechlydow nicht, oder that er's absichtlich, genug, er holte weit aus und stieß Nechlydow
mit aller Gewalt vor die Brust, daß der Arme ordentlich
aufschrie. Aber meinen Sie, daß er sich entschuldigte?
Fällt ihm gar nicht ein, diesem Grobian! Geht weiter,
sieht sich nicht einmal um, sondern knurrt noch vor sich hin:
„Was haben Sie da zu stehen? Hab' deshalb den
Ball nicht gemacht! Ist denn sonst kein Platz da?"

Der Andere tritt auf ihn zu, ganz bleich, und sagt
einfach, sogar sehr höflich:

„Sie müßten sich doch erst entschuldigen, mein Herr!
Sie haben mich gestoßen."

„Hab' jetzt keine Zeit dazu; ich würde gewonnen
haben, jetzt machen Andere den Ball."

Da sagt der Andere: „Sie werden sich entschuldigen!"

„Ach, scheeren Sie sich!" antwortete der Hohe: „Was
klebt er so an Einem!" Und sieht selbst immer nur nach
seinem Ball.

Da tritt Nechlydow ganz nahe vor ihn hin und faßt
ihn am Arm.

„Sie sind ein Flegel, mein Herr!"

Er war nur zierlich und fein, wie ein junges
Mädchen, aber wie herausfordernd! Seine Aeugelchen
leuchteten, als wollte er ihn auffressen. Der hohe
Gast war ein starker, großer Mann, ganz anders als
Nechlydow.

„Wa—as?" rief er: „Ich ein Flegel?"

Oh, wie er brüllte und ausholte! Aber die Andern

sprangen dazwischen, hielten ihre Arme und brachten sie
auseinander.

„Das und noch mehr!" rief Nechlydow: „Er soll
mir Genugthuung geben! Er hat mich beleidigt!

„Ach was! Genugthuung! Er ist ein dummer
Junge, weiter nichts! Ich will ihm die Ohren ziehen!"

„Wenn Sie mir keine Genugthuung geben, sind Sie
ein Feigling!" Er weinte beinahe.

„Und Du bist ein dummer Junge, Du kannst mich
nicht beleidigen!"

Man brachte sie, wie immer in solchem Fall, Jeden
in ein besonderes Zimmer. Nechlydow war mit dem
Fürsten schon gut Freund geworden.

„Geh", sagte er zu diesem: „sprich mit ihm."

Der Fürst ging, aber der Hohe sagte:

„Ich fürchte mich gar nicht, aber mit einem Knaben
verhandle ich nicht. Ich will es nicht und damit basta!"

Was also weiter? Redeten noch eine Zeitlang und
schwiegen dann. Aber der hohe Gast besuchte uns seitdem
nicht wieder. —

Bei Beleidigungen, oh, was war er für ein Kerl!
So aufbrausend! Ich meine Nechlydow . . . Aber von
andern Dingen hatte er noch gar keinen Begriff. Ich
erinnere mich noch.

„Was hast Du hier für Eine?" fragte ihn einmal
der Fürst.

„Gar keine", sagt Nechlydow.

„Wie? Gar keine?"

„Nein. Wozu?" sagte er.

Alle lachten fürchterlich. Ich freilich hatte gleich
begriffen, worüber 'sie lachten, und dachte: „Was wird
er jetzt wohl thun?" Indessen sprechen die Herren leise
mit einander.

„Fahren wir!" sagt der Fürst: „Sofort!"

Sie fuhren auch.

Erst um ein Uhr kamen sie zurück und setzten sich
zum Abendessen. Es waren Viele da, lauter vornehme
Herren: Atapow, Fürst Nasin, Graf Schustach. — Und
alle gratulirten Nechlydow und lachten.

„Euch Allen ist lächerlich zu Muthe, mir aber
traurig", sagt er. „Dir, Fürst, werde ich es nie ver=
zeihen, mir selbst auch nicht."

Es standen ihm die Thränen in den Augen. Der
Fürst ging zu ihm und lächelte.

„Schwatz' doch keinen Unsinn. Wir wollen nach
Hause fahren, Anatole."

„Ich will nirgends hin fahren. — Was habe ich
nur gethan!"

So seufzte er und ging nicht vom Billard weg.

Genug. Er war unschuldig gewesen, wie ein junges
Mädchen. —

So kamen sie oft zu uns, er, der Fürst und ein
bärtiger Herr, der jetzt immer bei dem Fürsten war.

Fedotka nannten ihn die Herren. — Breite Kinn=
backen, häßliches Gesicht, aber sehr gut gekleidet und fuhr
stets in eigener Kutsche. Was die Herren eigentlich an

ihm fanden, ich weiß es nicht. „Fedotka!" hieß es, immer „Fedotka!" Und sie bewirtheten ihn mit Essen und Wein und bezahlten für ihn. Aber ein Schlaukopf war er. Verspielte, zahlte aber nie; gewann er aber, dann: bitte sehr! Und was gewann er nicht Alles, aber mit dem Fürsten ging er immer Arm in Arm.

Gut also: sie kamen und sagten:

„Wollen wir zu Dreien à la guerre spielen?"

„Schön", sagte er.

Sie fingen an und spielten um drei Rubel die Partie. Nechlydow und der Fürst schwatzten viel mit einander.

„Kleine, reizende Füße! Nein, was für Füßchen, sage ich Dir!" sagt er, „und was für Haare!"

So schwatzen sie und achten freilich nicht auf das Spiel. Aber Fedotka kennt die Sache. Erhält sechs Rubel von Jedem. Weiß Gott, was für eine Rechnung er mit dem Fürsten hatte, aber sie bezahlten einander nie; nur Nechlydow holt zwei grüne Scheine hervor und reicht sie ihm.

„Nein", sagt er, „behalte Dein Geld. Wollen ein= fach spielen; wollen doubliren — also das Doppelte oder garnichts."

Ich stelle die Bälle auf. Fedotka fängt an und sie spielen. Nechlydow dreht sich bald um, bald läßt er stehen: „Nein", sagt er, „der ist zu leicht." Aber Fedotka ist ganz bei der Sache. Er maskirt sein Spiel und gewinnt wie zufällig.

„Noch einmal, auf Alles!"

„Gut!" —

Mag nun sein, wie's will, aber um 50 Rubel könnte man sich doch schon besinnen. Aber nein, Nechlydow bittet schon: „Noch einmal um das Ganze."

Sie fangen wieder an, immer weiter, stehen schon auf 280 Rubel. Fedotka kennt den Rummel; eine einfache Tour verliert er, aber die Ecke gewinnt er.

Der Fürst sitzt dabei und sieht, die Sache wird ernst. „Assez", sagt er: „Assez!"

Aber wo? Sie doubliren nur weiter.

Nechlydow hat schon ungefähr 500 Rubel verloren, da legt Fedotka sein Queue hin und sagt:

„Jetzt ist es wohl genug. Ich bin müde."

Und er ist doch bereit, bis zum Morgen zn spielen, wenn er nur Geld bekommt. Selbstverständlich nur Schlauheit. Der Andere möchte nun erst recht. „Spielen wir noch eine", sagt er.

„Nein, wahrhaftig, ich bin müde. Komm nach oben. Will Dir dort Revanche geben", sagte Fedotka.

Oben spielten die Herrschaften Karten. —

Seit diesem Tage hatte ihn Fedotka in seinen Klauen, so daß sie jeden Tag kamen. Spielen ein oder zwei Partien, dann gehen sie nach oben.

Was da Alles passirt ist, das mag Gott wissen, aber er wurde ein ganz anderer Mensch und immer zusammen mit Fedotka. Bisher so modern, so sauber und frisch frisirt — jetzt nur noch morgens nüchtern; und kommt er von oben herunter, sieht er sich gar nicht mehr ähnlich.

Einmal kommt er mit dem Fürsten herunter, ist todtenbleich und seine Lippen zittern. Er zankt.

„Ihm werde ich es am wenigsten erlauben, mir ... Ja, wie sagte er doch noch? „Daß ich nicht delicat bin ...." Oder so etwas: „Und daß er nicht mit mir spielen will! Ich habe ihm zehntausend bezahlt, da könnte er sich in Gegenwart Anderer vorsichtiger aus- drücken!"

„Nun, laß nur!" sagt der Fürst: „als ob es der Mühe werth wäre, sich über Fedotka zu ärgern!

„Nein", sagt er, „ich werde es ihm aber doch nicht so hingehen lassen!"

„Hör' nur einmal auf! Wer wird sich so weg- werfen wollen, mit Fedotka in Händel zu kommen."

„Ja, aber es waren Fremde zugegen!

„Was gehn uns denn die Fremden an? Wenn Du willst, so soll er es Dir sofort abbitten."

„Nein," sagt er, und murmelt etwas auf Französisch, was ich nicht verstand.

Und wie nun? Noch am selben Abend aßen sie mit Fedotka zusammen und es war wieder die alte Freundschaft.

Ein anderes Mal kam Nechljdow allein.

„Was meinst Du?" fragt er mich: „Spiel' ich nicht gut?"

Bekanntlich sprechen wir Jedem zu Munde. Lächerlich:

„gut"? Stößt drauf los ohne alle Berechnung. Und seit er sich mit Fedotka eingelassen, spielt er nur um Geld. Früher wollte er nie um Geld, nicht einmal um das Essen und den Wein spielen. Sagte der Fürst: „Spielen wir um eine Flasche Sect!" so sagte er: „Nein, ich laß lieber eine so kommen. He! Eine Flasche!" Aber jetzt spielt er nur noch um Gewinn; liegt den ganzen Tag bei uns herum, spielt Billard oder geht nach oben. Ich hatte schon oft gedacht: Warum das Alles? Ich kriege doch nichts davon.

„Was weiß ich, Herr," antwortete ich: „Sie haben lange nicht mit mir gespielt, Herr."

Wir fangen also an zu spielen.

Als ich ungefähr zehn oder fünfzig Kopeken gewonnen hatte, frage ich: „Quitt, Herr?"

Er schweigt; sagt nicht mehr wie damals „Dumm=kopf!" Und so fingen wir wieder an, quitt und quitt, so daß ich ihm allmählig achtzig Rubel abgewann. Und jetzt fing er an, jeden Tag mit mir zu spielen; wartete nur, daß Niemand da war, denn vor den Andern schämte er sich, mit dem Markör zu spielen. Einmal, er hatte schon wieder sechszig Rubel verloren, wurde er aufgeregt.

„Willst Du ums Ganze?"

„Meinetwegen", sagte ich und gewann.

„120 gegen 120!"

„Meinetwegen!" Wieder gewann ich.

„240 gegen 240!"

„Wird das nicht zuviel?" fragte ich.

Er schwieg, also wir spielten und ich gewann wieder. „480 gegen 480!"

Ich sagte: „Warum soll ich Ihnen das zu Leibe thun, Herr? Geben Sie mir hundert Rubel, ich bin damit zufrieden."

„Wie?" schrie er und war sonst so still: „Ja oder nein!' Nun, ich sah, da war nichts zu machen. „380, wenn es Ihnen gefällig ist", sagte ich also. Selbstver= ständlich wollte ich jetzt verlieren.

Ich gab ihm 40 vor; er hatte 52, ich 36; er schnitt die Karline und gewann 28 Points; mein Ball stand an der Bande; ich stieß so stark, daß der Ball herausspringen sollte. Jawohl! Er ging als Doublé ein. Ich hatte wieder die Partie gewonnen.

„Hör mal, Peter", er sagte nicht Petruschka, — „jetzt kann ich Dir nicht Alles bezahlen; aber über zwei Monate kannst Du meinetwegen dreitausend bekommen."

Dabei war er selbst ganz roth und seine Stimme zitterte.

„Gut", sagte ich, „mein Herr!" Und stelle die Queues fort."

Er ging einige Male auf und nieder, der Schweiß stand ihm auf der Stirn.

„Peter", sagte er, „wollen wir nicht ums Ganze?" Und weinte beinahe.

Ich sagte: „Was nützt das Spielen, Herr?"

„Nun, ich bitte Dich." Und er reichte mir die Queues. Ich nahm das eine und warf die Bälle so

heftig aufs Billard, daß sie auf die Erde sprangen; selbstverständlich! Man will sich doch auch zeigen.

Ich sagte: „Spielen wir!"

Und er hatte es so eilig, daß er selbst einen Ball
aufhob. Ich dachte: Ich bekomme ja doch keine 900
Rubel, — ganz einerlei, ob ich verliere! Spielte also
absichtlich schlecht. · Aber was that er?

„Warum spielst Du mit Willen schlecht?" fragte
er, und die Hände zitterten ihm ordentlich, und lief ein
Ball in die Richtung eines Netzes, so spreizte er die
Finger · und zog den Mund schief, als wollte er damit
den Ball in das Netz ziehen.

Ich sagte: „Das hilft Ihnen nichts, mein Herr."

Gut, diese Partie gewann er.

„Sie sind jetzt noch 180 Rubel und 150 Partien
schuldig", sagte ich, „und jetzt will ich zu Abend essen."
Ich stellte die Queues hin und ging weg.

Ich setzte mich an das Tischchen, der Thür gegenüber, und paßte auf, was er jetzt wohl thun würde.
Nun was? Er ging auf und ab, auf und ab, dachte
wohl, es sähe ihn keiner, dann griff er sich in die Haare,
ging wieder eine Zeitlang, murmelte etwas vor sich hin
und griff wieder in die Haare. — —

Wohl acht Tage lang blieb er verschwunden. Dann
kam er wieder, finster und ging in den Speisesaal, ohne
ins Billardzimmer hineinzugucken. Der Fürst begegnete
ihm. „Komm spielen wir!"

„Nein", sagte er, „ich spiele nicht mehr. Dir macht

es nichts aus, ob ich mit Dir gehe, mir aber wird übel davon."

Es vergingen wieder wohl an die zehn Tage. Da, an einem Feiertage sprach er wieder bei uns vor, im Frack, wohl von einem Besuch her. Er blieb den ganzen Tag bei uns und spielte fortwährend, kam dann auch den andern Tag, den dritten . . . ganz wieder wie früher. Ich wollte gern einmal wieder mit ihm spielen.

„Nein", sagte er, „mit Dir spiele ich nicht mehr; und die 180 Rubel hole Dir im nächsten Monat bei mir ab; Du wirst sie erhalten."

Gut! Im nächsten Monat ging ich zu ihm.

„Bei Gott", sagte er, „ich habe noch nichts. Komm Donnerstag wieder."

Ich ging am Donnerstag wieder hin. Und was für eine hübsche Wohnung hatte er.

„Zu Hause?" fragte ich.

„Schläft noch, sagte man mir. Gut! Ich wartete also.

Der Kammerdiener war sein Leibeigener; so ein grauköpfiger, einfacher, alter Mann; wußte nichts von Weltklugheit. Wir kamen ins Gespräch.

„Was lebt unser Herr nur hier", sagte er; „wir haben uns schon schön eingeputtelt, und gar keine Ehre, keinen Nutzen haben wir von diesem Petersburg. Als wir von unserm Dorfe wegfuhren, da dachten wir: wir werden, wie damals unser seliger Herr — Gott sei seiner Seele gnädig! mit Fürsten und Grafen und Generälen verkehren; dachten, wir werden uns eine hübsche Gräfin

mit einer schönen Aussteuer nehmen und dann wie ein
richtiger Edelmann leben. — Und was ist jetzt heraus-
gekommen? Wir überlaufen die Gasthäuser. — Sehr
schlimm! Die Fürstin Btischew ist ja unsere Tante und
Fürst Worotinzew unser Pathe. Aber was nun? Nur
zu Weihnachten war er einmal da, seitdem hat er seine
Nase nicht wieder in ihre Thür gesteckt. Die Leute dort
lachen schon über mich: euer Herr schlägt wohl nicht nach
dem Papa? Neulich sagte ich zu ihm: „Warum fahren
Sie nicht einmal zu der Tante, Herr? Sie sehnt sich
gewiß nach Ihnen.“ „Zu langweilig da, Demjanitsch!“
Sieh doch Einer! Das einzige Vergnügen findet er nur
in den Cafés. Wenn er noch wenigstens eine Anstellung
suchte — aber nein, denkt nur an Karten und dergleichen!
Das führt zu nichts Gutem. Hm — Eh, eh! Gehen
wir so um nichts und wieder nichts zu Grunde! Die
selige Herrin — Gott sei ihrer Seele gnädig! — hat
uns ein schönes Gut hinterlassen, tausend Seelen, und
allein für 300,000 Wald. Alles hat er jetzt verpfändet,
den Wald verkauft, das Gut zu Grunde gerichtet, und
was hat er davon gehabt? Selbstverständlich! Ohne
Herrn ist der Verwalter sein eigner Herr. Was gehts
ihn an? Stopft sich seine Taschen voll, alles Andere ist
ihm einerlei. Vor einigen Tagen kamen ein paar Bauern,
brachten Klagen vom Dorf: „Er wirthschaftet das Gut
zu Grunde“ . . . Aber was that er? Las die Klagen
und gab Jedem zehn Rubel! „Ich werde bald selbst
hinkommen. Sobald ich das Geld erhalte, werde ich Alles

bezahlen und komme dann selbst hin." Ja, aber wie wird er bezahlen können, wenn wir nur immerfort Schulden machen? Ob viel oder wenig, aber wir haben doch schon 80,000 durchgebracht, und jetzt haben wir keinen Silberrubel im Hause. Und Alles wegen seiner Gutmüthigkeit! Sonst ein so einfacher Herr! Ist gar nicht zu sagen und deshalb gerade geht er zu Grunde, um nichts und wieder nichts geht er zu Grunde".

Und der Alte weinte beinahe. —

Um elf Uhr wachte Nechlydow auf und rief mich.

„Man hat mir kein Geld geschickt", sagte er; „es ist nicht meine Schuld. Mach einmal die Thür zu."

Ich machte sie zu.

„Da", sagte er: „Nimm diese Uhr oder Brillant=nadel und versetze sie. Du kannst mehr als 180 Rubel bekommen, und, erhalte ich Geld, löse ich sie wieder ein."

Ich sagte: „Wenn Sie kein Geld haben, Herr, so ist nichts zu machen. Geben Sie mir die Uhr. Dafür thue ich's." Denn ich sah selbst, die Uhr war gewiß ihre 300 Rubel werth.

Gut, ich versetzte die Uhr für 100 Rubel und brachte ihm den Pfandschein.

Noch heute soll ich die achtzig Rubel von ihm haben!

Von da ab fing er an, wieder jeden Tag zu uns zu kommen. Er war immer mit dem Fürsten zusammen; ich weiß nicht, was für eine Rechnung sie mit einander hatten. Oder er ging auch mit Fedotka nach oben, um zu spielen: ich weiß nicht, wie diese Drei mit einander

rechneten; der Eine gab dem Andern und der Andere gab
ihm wieder, wer aber dem Anderen schuldete, das war nie
herauszubekommen.

So besuchte er uns zwei Jahre hindurch fast jeden Tag;
nur sein erstes Aussehen hatte er ganz verloren: er wurde
so frech und kam schon so weit, daß er mich um einen
Rubel für die Droschke anpumpte und dabei spielte er
mit dem Fürsten um 100 Rubel die Partie.

Melancholisch, mager, gelb war er' geworden. Kam,
trank gewöhnlich erst ein Glas Absinth, aß Zwieback dazu
und trank dann wieder' Portwein. Dann war's, als ob
er lustiger würde.

Es war gerade sin der Butterwoche, da spielte er
eines Vormittags mit einem Husaren.

„Wünschen Sie eine interessante Partie?"

„Gern", sagt der Andere. „Um was?"

„Um eine Flasche Sect?"

„Angenommen!"

Gut. Der Husar gewann und sie gingen zum Diner.
Setzten sich zu Tische und Nechlydow rief:

„Simon! Eine Flasche Röderer! Aber gut tem-
perirt!"

Simon geht, bringt das Essen, aber keine Flasche.

„Wo bleibt denn der Wein?" sagt er.

Simon läuft und holt den Braten.

„Bring den Wein", sagt er.

Simon schweigt.

„Bist Du verrückt? Wir sind gleich mit dem Essen

9

fertig, und noch ist kein Wein da? Denkst Du, wir wollen ihn zum Dessert?"

Simon läuft wieder weg.

„Der Wirth", sagt er, „läßt Sie einen Augenblick bitten."

Ganz roth springt er vom Tische auf.

„Was will er?"

Aber der Wirth steht schon an der Thür.

„Ich kann Ihnen nicht weiter borgen, eh' Sie nicht Ihre alte Rechnung beglichen haben."

„Ich habe Ihnen ja schon gesagt: am Ersten werde ich bezahlen."

„Wie es Ihnen beliebt", ist die Antwort, „aber jetzt kann ich Ihnen nichts weiter borgen. Sind mir schon manche zehntausend an Schulden verloren gegangen."

„Jetzt lassen Sie nur, mon cher," sagt er: „Mir können Sie doch glauben. Schicken Sie eine Flasche, und ich werde versuchen, Sie noch früher zu befriedigen."

Und er läuft wieder zurück.

„Weshalb hat man sie hinausgerufen?" fragt der Husar.

„Er wollte mich um etwas fragen."

„Ein Gläschen warmer Wein wäre jetzt aber sehr angenehm", sagt der Husar.

„Simon? Nun?"

Mein Simon läuft wieder fort. Aber wieder kein Wein. Die Sache wird jetzt bedenklich. Er steht auf und kommt zu mir.

„Um Gotteswillen, Petruschka", sagt er, „gib mir sechs Rubel." Und er ist dabei todtenbleich.

„Nein, ich habe keine, mein Herr, und außerdem, bei Gott, Sie sind mir schon so viel schuldig" . . .

„Ich gebe Dir über eine Woche 40 Rubel für die sechs" . . .

„Wenn ich sie hätte", sage ich, „würde ich Ihnen das nicht abzuschlagen wagen, aber, wahrhaftig, ich habe selbst nichts."

Was nun? Er sprang hinaus, biß die Zähne zusammen, ballte die Fäuste, lief wie ein Toller auf dem Corridor herum und plötzlich schlug er sich mit aller Gewalt vor die Stirn.

„Ah!" sagte er: „Mein Gott! Was ist das?!"

Er kehrte nicht einmal in den Speisesaal zurück, sprang in den Wagen und fuhr von dannen.

Das gab aber ein Gelächter! Der Husar fragte: „Wo ist der Herr, mit dem ich zusammen gespeist habe?"

„Der ist fortgefahren", erhielt er zur Antwort.

„Wie, fortgefahren? Hat er mir nichts sagen lassen?"

„Nein, nichts! Hat sich in den Wagen gesetzt und ist davongefahren."

„Das ist aber einmal ein Harlekin!" — —

Nach diesem, dachte ich, wird er wohl so bald nicht wiederkommen. Aber nein. Schon am nächsten Abend kam er wieder ins Billardzimmer. Unterm Arm trug er einen Kasten.

„Wir wollen spielen", sagte er und sah so böse unter den Augenbrauen hervor.

Wir spielten ein Partiechen.

„Genug", sagte er: „Bring' mir Feder und Papier — Ich muß einen Brief schreiben."

Ohne etwas zu ahnen, brachte ich das Papier und legte es auf den Tisch in dem kleinen Zimmer.

Gut. Er setzte sich an den Tisch und schrieb, schrieb und murmelte dabei vor sich hin. Dann sprang er auf und sagte ganz düster:

„Geh', sieh nach, ob mein Wagen da ist!"

Wie gesagt, es war das gerade in der Butterwoche; deshalb waren auch keine Gäste da: Alle waren auf den Bällen.

Ich wollte mich also nach dem Wagen umsehen, doch kaum war ich aus dem Zimmer, da rief er:

„Petruschka! Petruschka!" Als hätte er sich vor etwas erschrocken.

„Ich komme zurück. Ich sehe, er ist bleich wie das Tischtuch, steht da und sieht mich an.

„Sie haben gerufen, Herr?" Er schweigt.

„Was wünschen Sie?" sage ich. Er schweigt.

„Ja so! Wollen noch einmal spielen", sagt er dann.

Gut. Er gewinnt die Partie.

„Habe ich jetzt nicht ganz gut gelernt?"

„O ja", sage ich.

„Ja, so ist es. Nun geh", sagt er, „und sieh, ob mein Wagen da ist!" Und er geht dabei auf und nieder.

Ich, ohne mir etwas zu denken, gehe nach draußen.
Da ist gar kein Wagen. Gehe also zurück. Plötzlich
höre ich, als ob Jemand mit dem Queue aufgeschlagen
hätte. Ich trete ins Billardzimmer. Es riecht da sonderbar.

Ich gucke mich um: da liegt er auf dem Boden,
ganz in Blut, und eine Pistole neben ihm. Ich habe
mich so erschrocken, kein Wort konnte ich stammeln.

Und er zuckt noch einige Mal mit dem Fuß und
streckt sich aus, dann röchelt er und macht sich gerade.

Und weßwegen diese Sünde, daß er sich und seine
Seele so zu Grunde richten mußte? Gott weiß es! Nur
dies Papier hat er zurückgelassen, und daraus kann man
auch nicht recht klug werden. Wahrhaftig! Was geschieht
auch nicht Alles in der Welt! —

„Gott hat mir Alles gegeben, was ein Mensch
wünschen kann: Reichthum, einen guten Namen, Verstand
und gute Gaben. Ich aber wollte genießen und habe alles
Gute in mir in den Schmutz getreten.

„Ich habe meine Ehre nicht verloren, ich bin nicht
ein Unglücklicher, ich habe kein Verbrechen begangen; aber
ich habe Schlimmeres gethan: ich habe meine guten Gaben
vergeudet, meinen Verstand, meine Jugend.

„Ich bin in einen Sumpf gerathen, aus welchem
ich mich nicht befreien und an den ich mich nicht gewöhnen
kann. Ich sinke fortwährend tiefer, ich fühle, daß ich
sinke und kann meinen Fall nicht aufhalten. . . . Und was
hat mich zu Grunde gerichtet? Irgend eine starke Leidenschaft, die mich entschuldigen könnte? Nein . . . . Meine

Erinnerungen sind die besten.... Ein entsetzlicher Augenblick, den ich nie vergessen werde, hat mich zur Besinnung
gebracht. Ich entsetzte mich vor mir selbst, als ich sah,
welch ein unausfüllbarer Abgrund mich von alledem schied,
was ich hätte sein können und was ich sein wollte. In
meiner Phantasie erhoben sich Hoffnungen, Träume und
Erinnerungen an meine Kindheit. Wo sind die reinen
Vorstellungen vom Leben, von der Ewigkeit, von Gott,
die einst mit einer solchen lichten Kraft meine Seele erfüllten? Wo ist die gegenstandslose Liebe geblieben, die
einst mein Herz so wohlthuend erwärmte? Wo die Hoffnung auf Fortentwickelung, die Begeisterung für alles
Schöne, die Liebe zu den Verwandten, zu dem Nächsten,
zur Arbeit und zum Ruhm? Wo das Pflichtbewußtsein?
Und wie brav und glücklich hätte ich sein können, wenn
ich auf jenem Wege fortgeschritten wäre, den beim Eintritt ins Leben mein natürlicher Verstand und der reine
kindliche Instinct doch bereits eingeschlagen hatten! Ich
sagte mir: ich will meine ganze Willenskraft daran setzen. —
Und ich war doch nicht im Stande dazu. Allein fühlte
ich mich unbehaglich und traute mir selbst nicht. In Gegenwart Anderer vergaß ich, ohne es zu wollen, meine eigene
Ueberzeugung, so daß ich mich zu ihnen nicht erheben
konnte; so hörte ich auf, an dieselbe zu denken und suchte
mich zu vergessen. Aber die hoffnungslose Reue quälte
mich noch heftiger. — Da zum erstenmal dachte ich an
Selbstmord. Früher glaubte ich, die Nähe des Todes
würde meine Seele erheben. Ich habe mich geirrt. Nach

einer Viertelstunde werde ich nicht mehr sein, doch mein Blick hat sich gar nicht verändert. Ich sehe, höre und empfinde ebenso wie sonst und in meinen Gedanken ist dieselbe Schwerfälligkeit, dasselbe Schwanken und dieselbe Leichtfertigkeit. . . .

Der Mensch ist doch ein räthselhaftes Geschöpf!"

Kriegsbilder.

I. Sebastopol im December.

Das Morgenroth beginnt des Himmels Wölbung zu färben; die tiefblaue Fläche des Meeres, schon geschieden vom nächtlichen Dunkel, erwartet die ersten Strahlen des Tages, um in freudigem Lichte zu erglänzen; von der Bucht herüber weht es feucht und kalt; es ist noch kein Schnee gefallen; kahl und dunkel liegt rings die Erde, nur der Reif des Morgens trifft scharf das Gesicht und knistert unter den Füßen; das entfernte gleichmäßige Rauschen des Meeres, dann und wann untermischt mit dröhnenden Schüssen, unterbricht allein die Stille des Morgens.

Doch schon beginnt an der Nordseite der Festung die Thätigkeit des Tages allmählich die Ruhe der Nacht zu verscheuchen: hier marschirt die Ablösung der Wache mit klirrendem Gewehr vorüber, dort eilt ein Arzt in's Lazareth, hier kriecht ein Soldat aus seiner Erdhütte

hervor, wäscht sein gebräuntes Gesicht im überfrorenen
Wasser und, zum aufglühenden Osten gewendet, bekreuzigt
er sich schnell und betet zu Gott; dort schleppt eine hohe,
schwerfällige und mit Kameelen bespannte Madschara (ein
tatarisches Fuhrwerk) ächzend eine hochaufgestapelte Ladung
blutiger Leichen nach dem Friedhofe. . . . . Jetzt nähert
Ihr Euch dem Stapelplatze; hier umfängt Euch ein
absonderlicher Geruch von Steinkohlen, verfaulendem
Stroh, Moder und Pökelfleisch; die verschiedensten Dinge,
Holz, Fleisch, Schanzkörbe, Mehl, Eisen u. s. w. liegen
hier in Haufen umher; Soldaten von verschiedenen
Regimentern mit und ohne Tornister und Gewehr drängen
sich, rauchen, schimpfen, schleppen Lasten auf das Dampfschiff, welches qualmend an dem Bollwerk liegt; kleine,
mit Soldaten, Matrosen, Handelsleuten und Weibern
gefüllte Fahrzeuge landen und stoßen ab.

„Wohin befehlen Euer Wohlgeboren? Nach dem
Grafenplatz?" bieten zwei Fährleute Euch ihre Dienste
an und erheben sich in ihren Booten.

Ihr wählt das Euch zunächst liegende, steigt über
den schon halb verwesten Cadaver eines braunen Pferdes,
welches hier in dem morastigen, flachen Wasser liegt, in's
Boot und setzt Euch an's Steuer.

Das Fahrzeug stößt ab vom Lande; ringsher um-
giebt Euch bald das unter der Morgensonne aufleuchtende
Meer; vor Euch sitzt der alte Bootsmann in einem
Mantel aus Kameelshaaren und ein junger flachsköpfiger
Bursche; Beide arbeiten schweigend und angestrengt mit

den Rudern. Ihr erblickt eine gewaltige Menge von
Schiffen über die ganze Bucht zerstreut und dazwischen
kleine dunkle Punkte, Schaluppen, die sich über die wie
Lasur glänzende Fläche bewegen; Ihr erblickt die freundlichen, hellen Gebäude der Stadt, rosig überhaucht von
den Strahlen der aufsteigenden Sonne, die weiße Linie
der Brandung an den Molen und die davor versenkten
Schiffe, von denen hie und dort die dunklen Spitzen der
Masten traurig aus dem Wasser hervorragen; Ihr erblickt auch in der Ferne die sich über den klaren Horizont
des Meeres ausbreitende feindliche Flotte; Euer Blick
senkt sich nieder auf die schäumenden Wellen und auf die
von den Rudern herabtropfenden Perlen, Ihr lauscht auf
das Gemurmel der Stimmen, die vom Lande herüber-
schallen und auf den gewaltigen Donner der Geschütze,
der sich in Sebastopol immer mehr zu verstärken scheint.

Es ist unmöglich, daß bei dem Gedanken, daß Ihr
Euch jetzt hier in Sebastopol befindet, sich in Euer Herz
nicht ein gewisses Gefühl des Muthes und des Stolzes
einschleicht und Euer Blut nicht schneller durch die Adern
zu fließen anfängt.

„Halten Euer Wohlgeboren gerade auf den „Kon-
stantin" los," wendet sich der alte Matrose zu Euch um
und deutet nach rechts auf ein großes Schiff.

„Auf dem sind noch alle Kanonen vorhanden," sagt
der flachsköpfige Junge, während das Boot an dem
Schiffe vorübergleitet.

„Warum auch nicht? Es ist noch ein ganz neues

Schiff und Kornilow selbst hat auf ihm commandirt,"
erwiedert der Alte und betrachtete den Koloß mit Kenner-
blicken.

„Sieh mal! Da oben platzt eben Eine!" ruft nach
kurzem Schweigen der Junge und blickt nach einem weißen
Wölkchen zerstäubenden Rauches, welches sich plötzlich
hoch oben über dem südlichen Theile der Bucht gezeigt
hat, und bald folgt auch der schrille Laut einer platzenden
Bombe.

„Die kommt von ihm; er hat heute wieder eine
neue Batterie eröffnet," erklärt der Alte und spukt sich
gleichgültig in die Hände: „Nun leg' Dich in's Zeug,
Mischka, daß wir an der Barcasse vorbeikommen!"

Und das Boot, über die breite Fläche dahinfliegend,
überholt eine schwerfällige, mit Gepäck hochbeladene und
von ungeübten Soldaten ungleichmäßig geruderte Barcasse,
fährt mitten hinein in eine Menge anderer Fahrzeuge und
legt sich an das Bollwerk des sogenannten Grafenplatzes.

Auf dem Quai bewegt sich eine lärmende Menge
grauer Soldaten, schwarzer Matrosen und bunt gekleideter
Weiber. Hier werden Semmeln feil geboten, dort erschallt
hinter einem Samovar hervor der Ruf eines Bauern:
„Heiße Sbiten!" (Ein Aufguß kochenden Wassers auf
Honig und Gewürz). Daneben auf der ersten Wallstufe
liegen Haufen verrosteter Kanonenkugeln, Bomben, Kartätschen und gußeiserne Geschütze verschiedenen Kalibers;
etwas weiter erreicht Ihr einen geräumigen Platz; auf
den mächtigen Balken der Kanonengestelle liegen hier

schlafende Soldaten umher. Pferde, Fuhrwerke, grüne
Munitionskästen, Geschütze und lange Reihen zusammen=
gestellter Gewehre bedecken diesen Platz, dazwischen drängen
sich Soldaten, Seeleute, Officiere, Frauen, Kinder und
Geschäftsleute, zuweilen auch ein berittener Kosak, oder
ein General in seiner Equipage fährt vorüber.

Rechter Hand ist die Straße durch eine Barricade
von Balken und Steinen gesperrt; in den Schießscharten
derselben stehen kleine Kanonen und neben ihnen sitzt ein
Matrose und raucht sein Pfeifchen. Zur Linken vor einem
stattlichen Gebäude stehen Soldaten umher und vor ihnen
blutbefleckte Tragbahren; überall ein sonderbares Gemisch
behaglichen Stadt= und kriegerischen Lagerlebens.

Beim ersten Anblick wird es Euch dünken, als ob
Alle hier von Furcht und Besorgniß erfüllt seien, als ob
Alle nicht wüßten, was sie thun sollen —: allein seht
Euch die Gesichter dieser Menschen hier näher an, und
der Eindruck wird bald ein anderer sein. Betrachtet jenen
Soldaten, der dort sein braunes Dreigespann zur Tränke
leitet; er summt so ruhig ein Liedchen vor sich hin, die
bunte Menge hier beeinträchtigt ihn garnicht, sie ist für
ihn garnicht vorhanden, er hat nur Eins zu thun, seine
Pflicht zu erfüllen, ob die Pferde zur Tränke zu leiten
oder mit ihnen ein Geschütz zu schleppen, er thut es hier
so ruhig, so besonnen und gleichmüthig, als ob er sich in
Tula oder sonst irgendwo befände. Denselben Ausdruck
findet Ihr in dem Gesichte jenes Officiers, der soeben in
weißen Handschuhen an uns vorübergeht, in dem Gesichte

jenes Matrosen, der dort auf der Barricade sitzt und sein
Pfeifchen schmaucht, in den Gesichtern jener Seesoldaten,
die dort mit den Tragbahren vor der Thür der ehemaligen »Assemblée« warten, sogar in dem Gesichte dieser
jungen Dame hier, welche behutsam mit den Fußspitzen
die höchsten Steine des Pflasters aussucht und nur die
eine Furcht hegt, ihr Rosakleid zu beschmutzen.

Wer zum ersten Mal nach Sebastopol kommt, wird
in den Gesichtern der ihm Begegnenden vergeblich nach
einem Ausdruck der Angst, der Verlorenheit oder gar der
Verzweiflung suchen; nichts dergleichen! Man wird nur
Menschen finden, die ruhig ihrer gewohnten, alltäglichen
Beschäftigung nachgehen.

Aber geht einmal auf die Außenwerke, auf die
Bastionen hinaus und betrachtet Euch die Vertheidiger
Sebastopols an Ort und Stelle, oder noch besser, geht
einmal dort in jenes Haus hinein, in die frühere soge-
nannte Assemblée, auf dessen Freitreppe die Soldaten mit
den Bahren stehen, dort findet Ihr die Vertheidiger von
Sebastopol, dort werdet Ihr ebenso entsetzliche und traurige,
wie großartige und herzerhebende Bilder schauen.

Tretet ein in den großen Saal der Assemblée.
Laßt Euch in der geöffneten Thür nicht zurückschrecken von
dem Anblick und Geruch einiger fünfzig Schwerverwun-
deter, die dort theils auf Pritschen, theils und zwar in
der Mehrzahl auf dem Fußboden liegen. Folgt nicht
dem Gefühl, welches Euch auf der Schwelle zurückhalten
will, es ist kein gutes Gefühl, sondern schreitet vorwärts

und schämt Euch nicht, diese Dulder zu betrachten, an sie hinanzutreten und mit ihnen zu sprechen: die Unglücklichen lieben es, ein menschliches Mitgefühl in Euren Augen zu lesen, sie lieben es, von ihren Leiden zu erzählen und Worte der Liebe und Theilnahme zu hören. Ihr geht zwischen den Lagern umher und sucht nach einem minder traurigen und schmerzhaft verzerrten Gesichte.

„Wo bist Du verwundet?" fragt Ihr schüchtern und unsicher einen alten, abgezehrten Krieger, der auf seiner Pritsche sitzt, dessen gutmüthige Augen Euch verfolgen und Euch einzuladen scheinen, Euch ihm zu nähern. Ich sage, Ihr fragt schüchtern, denn der Anblick der Leiden flößt Euch neben tiefer Theilnahme auch das Gefühl der Hochachtung gegen den Leidenden und die Besorgniß, ihn zu beleidigen, ein.

„Am Bein," antwortet der Soldat und sogleich bemerkt Ihr an den Falten der Decke, daß ihm das eine Bein bis über's Knie hinauf fehlt. „Jetzt geht es schon, Gott Lob!" fügt er hinzu: „Ich kann mir bald die Bescheinigung geben lassen."

„Seit wann bist Du hier?"

„Es wird jetzt die sechste Woche, Euer Wohlgeboren."

„Hast Du noch Schmerzen darin?"

„Nein, jetzt nicht mehr, wenigstens nicht mehr schlimm, nur bei schlechtem Wetter ist es mir, als ob's mir in die Wade zieht . . . Sonst geht es."

„Bei welcher Gelegenheit ist es denn gekommen?"

„Auf der fünften Bastion, Euer Wohlgeboren, beim
ersten Bombardement: ich richtete die Kanone, trat zurück —
so — zur anderen Schießscharte, da traf er mich, in's
Bein — als ob ich in ein Loch trat — Guck! Da
war das Bein weg."

„Aber hör', das muß doch weh gethan haben."

„Es ging! Nur als wenn mir da Jemand mit
etwas Heißem an's Bein stieß . . ."

„Aber hernach . . .!"

„Ach, da ging's auch; nur als man die Haut zu=
sammenzog, da war's, als ob es da ein Bischen riß. Die
Hauptsache ist, Euer Wohlgeboren, man muß dabei nichts
denken: macht man sich keine Gedanken, dann ist Alles
nichts. Alles hängt allein davon ab, wie und was der
Mensch denkt."

In diesem Augenblick nähert sich eine Frau; sie trägt
ein grau gestreiftes Kleid und um den Kopf ein schwarzes
Tuch; sie mischt sich in unser Gespräch mit dem Ver=
wundeten und beginnt von ihm zu erzählen, von seinen
Leiden und von dem hoffnungslosen Zustande, in welchem
er vier Wochen hindurch gelegen; sie erzählt, wie er, ob=
gleich so schwer verwundet, doch seine Tragbahre hätte
anhalten lassen, um die Wirkung einer soeben von unserer
Batterie abgegebenen Salve zu beobachten, wie der
Großfürst mit ihm gesprochen und ihm fünfundzwanzig
Rubel geschenkt hätte, wie er dann zu dem gesagt hätte, er
wolle wieder auf die Bastion hinaus und die Jüngeren
richten, wenn er schon selbst nicht mehr arbeiten

könnte. Und während die Frau dies Alles in einem Athem
erzählt, bald zu uns, bald zu dem Verwundeten gewendet,
hat dieser ihr den Rücken zugekehrt, als ob er ihre
Worte garnicht beachte, zupft auf seinem Kissen Charpie
und die Augen leuchten in einem eigenthümlichen Glanze.

„Das ist — meine Frau, Euer Wohlgeboren," be=
merkt er dann zu uns mit einem solchen Ausdruck, als
wenn er sagen wolle: „Entschuldigen Sie, es ist ja eine
bekannte Sache, ein Frauenzimmer spricht nur lauter
Dummheiten!"

„Nun, Gott gebe Dir baldige Genesung," sagen wir
zu ihm und bleiben neben einem anderen Unglücklichen
stehen, der auf der Erde liegt und scheinbar unter un=
säglichen Schmerzen seinen Tod erwartet.

Er ist blond und zeigt ein aufgedunsenes, bleiches
Gesicht. Den linken Arm hat er rücklings über sich ge=
worfen und liegt in einer Stellung, welche die grausamsten
Schmerzen verräth. Aus dem trockenen, offenen Munde
dringt ein mühsames, röchelndes Athmen, die kleinen blauen
Augen erscheinen verglast und unter der Decke hervor ragt
der Stumpf des mit Binden umwickelten rechten Armes. Es
ist der dumpfe Geruch einer Leiche, der uns trifft, aber
das verzehrende innere Feuer, das alle Glieder dieses
armen Dulders durchglüht, scheint auch uns zu durch=
dringen.

„Er ist wohl ohne Besinnung?" fragen wir die
Frau, die hinter uns drein geht und uns so freundlich
wie einen ihr nahestehenden Menschen ansieht.

„Nein, er hört Alles — aber es steht schlimm mit ihm," fügt sie flüsternd hinzu: „Ich habe ihm heute etwas Thee zu trinken gegeben; er ist hier ganz fremd und man muß doch Mitleid mit ihm haben — aber er konnte schon fast nichts mehr genießen.

„Wie fühlst Du Dich?" fragen wir ihn.

Der Verwundete dreht die Augapfel nach der Stimme, aber die Augen sehen und begreifen nichts mehr.

Etwas weiter findet Ihr einen alten Soldaten, der die Wäsche wechselt. Sein Gesicht und Körper sind mager wie ein Gerippe und braun. Der eine Arm fehlt ihm ganz, er ist aus dem Schulterblatte herausgeschält. Aber er schaut ganz munter drein — er ist ein Genesender. —

Zur anderen Seite erblickt Ihr das bleiche, leidende und zarte Gesicht eines Weibes; auf ihren Wangen brennt ein fieberndes Roth.

„Das ist die Matrosenfrau, welcher am fünften eine Bombe den Fuß getroffen hat," sagt unsere Führerin. „Sie wollte ihrem Manne das Mittagessen auf die Bastion bringen."

„Ist der Fuß amputirt?"

„Ja, überm Knie ist er abgenommen." —

Gehen wir jetzt durch die Thür links. Wir kommen in das Zimmer, wo der Verband angelegt wird und Operationen vorgenommen werden. Wir finden dort Aerzte mit bis zum Ellenbogen entblößten, blutigen Armen, mit ernsten und bleichen Gesichtern; sie sind beschäftigt um eine Pritsche, auf welcher mit offenen Augen, bald sinnlose, bald einfache, rührende Worte stammelnd ein Verwundeter liegt. Es ist ein widerwärtiges und doch so wohlthätiges Werk, welches die Aerzte gerade vollbringen. Ihr seht ein krummes Messer in den weißen, gesunden Körper eindringen; mit einem entsetzlichen, ohrzerreißenden Schrei fährt der Verwundete empor; der Feldscher wirft ein abgeschnittenes Glied in die Ecke; eine Tragbahre steht in der Nähe, auf ihr liegt ein anderer Verwundete; er sieht die Operation seines Kameraden und krümmt sich und stöhnt, nicht vor Schmerzen, sondern in der Qual und Marter der Erwartung dessen, was ihm bevorsteht.

Ueberall entsetzliche, das Herz ergreifende Bilder. —

Wir verlassen dieses Haus des Jammers. Ihr werdet gewiß freier aufathmen, mit Freuden die frische Luft genießen und mit Befriedigung der eigenen unverletzten Gesundheit inne werden. Aber beim Anblick jener Leiden werdet Ihr auch Eurer eigenen Nichtigkeit bewußt geworden sein und ohne Bedenken mit mir den Gang auf die Außenwerke der Festung wagen.

Was bedeutet der Tod und das Unglück eines einzelnen, so winzigen Wurmes wie ich im Vergleich mit all dem Sterben und Verderben rings um mich her? . .

Nach den ersten Schritten schon stoßen wir auf einen Leichenzug; in dem rothen Sarge liegt ein Officier, Musik folgt und wehende Fahnen.

Wir schreiten vorüber an der Kirche, an den Ver-

hauen und kommen in den belebteſten Theil der Stadt.
Auf beiden Seiten, die Schilder der Kaufmannsläden,
die Reſtaurants, die Geſchäftsleute, die Frauen in ihren
Hüten und Tüchern, die elegant gekleideten Officiere —
was kannten ſie anderes als ein Sicherheitsgefühl, ein
ſtolzes Selbſtbewußtſein der Bewohner?

Treten wir hier in das Gaſthaus zur Rechten; wir
belauſchen die Unterhaltung der Officiere von der Ar=
tillerie und der Marine; ſie erzählen von der vergangenen
Nacht, von Fenka, vom Ausfall am 24ſten; ſie ſprechen von
den theuren und ſchlechten Coteletten und von dem Tode
dieſes oder jenes Kameraden.

„Hol's der Teufel, was es heute bei uns da draußen
ſcheußlich iſt!" ertönt die Baßſtimme eines blonden See=
officiers mit einer grünen, geſtickten Schärpe.

„Wie ſo; bei uns?" frägt ein Anderer.

„Nun da, auf der vierten Baſtion!"

Bei dieſen Worten, „auf der vierten Baſtion," blickt
Ihr gewiß mit großem Antheil, ſogar mit Achtung auf
den jugendlichen Sprecher, denn dieſe Baſtion war einer
der am meiſten dem feindlichen Feuer ausgeſetzten Punkte
Sebaſtopols; Ihr werdet glauben, er wird jetzt klagen
über den Regen der Kugeln und Granaten da draußen,
aber nichts davon: er findet es dort nur ſcheußlich wegen
des Schmutzes.

„Und wir haben heute unſeren beſten Hauptmann
verloren, gerade vor die Stirn getroffen," ſpricht ein
Anderer.

„Wie? Wer? doch nicht Mitjuchin?"

„Nein .... Aber erhält man endlich einmal seinen Kalbsbraten? Dieser Faulpelz!" schilt er den Kellner und fährt dann fort: „Mitjuchin nicht, sondern Abrossimow, und bei sechs Ausfällen ein wahrer Held!" —

Es treibt uns, jetzt gerade auf die vielbesprochene vierte Bastion hinauszugehen. Wir verlassen also das Gasthaus und wandern die breite Straße hinauf. Bald finden wir die Häuser auf beiden Seiten derselben nicht mehr bewohnt; die Thüren sind mit Brettern zugenagelt, die Fenster zerbrochen, hier ist eine Wand zusammen= gestürzt, dort ein Dach durchlöchert. Die Gebäude sehen aus wie alte in Kummer und Noth ergraute Veteranen und blicken wie stolz und verächtlich auf uns herab. Weiterhin stolpert Ihr vielleicht über eine daliegende Bombe oder stürzt in ein mit Wasser gefülltes Loch, welches die Granaten in dem Steinpflaster aufgerissen haben. Auch hier überholen oder begegnen uns Officiere, Soldaten= und Matrosentrupps, dann und wann auch Frauen und Kinder.

Jetzt führt die Straße einen sanften Abhang hinunter: hier findet Ihr gar keine Häuser mehr, sondern nur noch große Haufen von Schutt, Brettern und Balken; vor Euch, dort auf dem steil abfallenden Hügel, bemerkt Ihr einen schwarzen und schmutzigen, von Gräben durchzogenen Platz .... : Das ist die vierte Bastion.

Die uns Begegnenden werden jetzt immer seltener, Frauen kommen garnicht mehr; die Soldaten gehen

haftig, und dann und wann tritt man über blutige
Stellen.

In dem Augenblicke, wo Ihr den Hügel hinaufsteigt,
wird Euer Ohr durch das Pfeifen einer in nicht allzu
großer Entfernung vorübersausenden Bombe oder Voll=
kugel unangenehm berührt. Bald, nachdem Ihr etwas
emporgestiegen seid, schwirrt bald zur Rechten, bald zur
Linken an Euch eine Büchsenkugel vorüber; es steigt in
Euch vielleicht das Bedenken auf, ob es nicht etwa rath=
samer wäre, im Laufgraben zu gehen, allein dieser ist
bis zu Kniehöhe dermaßen mit einem weichen, gelben, übel=
riechenden Schlamme gefüllt, daß Ihr bestimmt den Weg
oben auf dem Rande desselben vorziehen werdet, um so
mehr, als Ihr seht, daß Alle dort gehen.

Nach ungefähr zweihundert Schritten weiter aufwärts
gelangt Ihr auf einen ganz durchwühlten, morastigen, von
allen Seiten von Schanzkörben, Erdhaufen, Pulver=
magazinen und Erdhütten umgebenen Platz, wo ringsumher
gewaltige gußeiserne Geschütze stehen und daneben regel=
mäßig aufgeschichtete Kugelhaufen. Alles erscheint Euch
hier so zweck= und ziellos aufgestellt: dort die auf ihren
Geschützen sitzenden Matrosen, hier mitten auf dem Platze
eine schon halb im Morast ertrunkene zerbrochene Kanone,
dort ein Fußsoldat, der mit geschultertem Gewehr neben
einer Batterie auf= und abschreitet und mühsam seine
Füße aus dem klebrigen Lehm hervorzieht; überall, auf
jedem Fleck Splitter und Schalen geplatzter Bomben,
Kugeln und nicht krepirte Granaten, Montirungsstücke,

und Alles mit einem dünnen Ueberzug des lehmigen Schmutzes; Ihr hört den Anprall einer Kugel, Ihr hört es summen wie von Bienen, bald wie schnelles Sausen oder ein Winseln, wie von einer Geigensaite und über Allem den fürchterlich erschütternden Donner der Geschütze.

„Also dies, dieser wahrhaft entsetzliche Ort ist die vierte Bastion!" werdet Ihr denken.

Nein, dies ist sie noch nicht, die vierte Bastion; dies ist erst die Jasonow'sche Redoute, ein verhältnißmäßig noch geschützter und gefahrloser Ort. Um nach der vierten Bastion zu gelangen, müßt Ihr rechts in jenen schmalen Laufgraben treten, in welchem Ihr jenen Soldaten gebückt hinkriechen seht. In diesem Graben begegnet Ihr vielleicht gleich einer von vier Mann getragenen Bahre mit einem bleichen Gesichte unter blutigem Mantel darauf, Seeleuten und Soldaten mit Schaufeln; Ihr erblickt die Eingänge zu den Minenleitungen, Erdhütten, in deren Schmutz kaum zwei Mann aneinander gedrängt Platz finden; hier hausen die Plastunen vom Seebataillon des Schwarzen Meeres. Nach weiteren dreihundert Schritten kommt Ihr wieder in eine Schanze, einen freien Platz, von Geschützen, Schanzkörben und Erdwällen umgeben.

Dort findet Ihr vielleicht fünf Matrosen, die hinter der Brustwehr Karten spielen, und einen Marineofficier, der in Euch einen neugierigen Ankömmling erblickt und Euch bereitwillig seine Wirthschaft zeigt und Euch über Alles, was Euch interessirt, Aufklärung giebt. Dieser

Officier dreht sich, auf einem Geschütze sitzend, so ruhig eine Cigarette, geht so ruhig von einer Schießscharte nach der anderen, unterhält sich so ruhig mit Euch, daß Ihr trotz des Summens über Euch, trotz des fortwährenden Pfeifens der Kugeln ebenso kaltblütig fragt und aufmerksam zuhört wie er. Er wird Euch erzählen, doch nur, wenn Ihr ihn darnach fragt, von dem Bombardement am fünften December, wie von seiner Batterie nur noch ein Geschütz intact geblieben war, wie von dessen gesammter Bedienung nur acht Mann übrig geblieben und wie sie trotzdem am sechsten nur aus diesem Geschütze allein zu feuern fortgefahren hätten; er wird Euch erzählen, wie am fünften eine Granate in eine der Erdhütten gedrungen und dort allein elf Mann erschlagen hätte; er wird Euch durch die Schießscharten die feindlichen Batterien und Laufgräben in keiner größeren Entfernung als 120 bis 150 Meter zeigen; nur Eins fürchte ich, daß unter dem Einfluß des Summens der Kugeln Ihr beim Ausblick aus den Ambrasuren nach dem Feinde nichts sehen werdet, oder erkennt Ihr doch etwas, so werdet Ihr verwundert sein, daß dieser helle, steinige Wall, der sich so nahe vor Euch befindet und aus welchem fortwährend weiße Rauch= wolken aufpuffen, daß dieser helle Wall der Feind ist, „er", wie die Soldaten und Matrosen sagen.

Aber es kann auch sein, daß der Officier Euch zeigen will, wie man schießt.

„Alle Mann an's Geschütz!"

Und vierzehn Matrosen, lustig, geschwind, nähern

sich der Kanone; der Eine steckt sein Pfeifchen in die Tasche, der Andere kaut noch schnell ein Stück Zwieback und schlägt seine mit Nägeln beschlagenen Stiefel gegen die Lafette.

Das Geschütz ist geladen; plötzlich erdröhnt ein furchtbarer, Euch durch und durch erschütternder Knall; gleich darauf hört Ihr das Rauschen der sich entfernenden Ladung, ein dichter Pulverdampf bedeckt Euch und die schwarzen Gestalten der sich bewegenden Seeleute. Darnach werdet Ihr über diesen Schuß verschiedene Bemerkungen vernehmen:

„Ist gerade in die Ambrasur gegangen! Zwei sind, wie es scheint, getödtet! Da tragen Sie den Einen hinweg! Jetzt wird er aber auch gleich böse werden! Er läßt gleich was auf uns los!"

Und in der That, alsbald erblickt Ihr vor Euch einen Blitz und Rauch; die Schildwache auf dem Walle ruft: „Kanone!" und im nächsten Augenblick säuselt an Euch eine Kugel vorüber, patscht in die Erde und spritzt trichterförmig um sich Lehm und Steine empor.

Unser Kommandeur ärgert sich über die Kugel und befiehlt einem zweiten und dritten Geschütze Feuer. Auch darauf antwortet der Feind; die Schildwache ruft wieder: „Kanone!" und Ihr hört denselben Schlag und dasselbe Aufspritzen, oder sie wird rufen: „Bombe!" und dann hört Ihr das Pfeifen der Bombe, das näher kommt und stärker wird; dann erblickt Ihr einen schwarzen Ball und hört einen Schlag auf die Erde und deutlich das klingende

Platzen der Kugel; pfeifend und winselnd fliegen die Splitter
umher, Steine schwirren durch die Luft und Ihr werdet
mit Schmutz bedeckt; da noch einmal ruft die Schild=
wache mit ihrer tiefen Baßstimme: „Bombe!" ein aber=
maliges Pfeifen und Platzen, aber dazwischen das Stöhnen
eines Menschen; Ihr eilt hinzu und findet einen, unter
Blut und Schmutz kaum noch als menschliches Wesen er=
kennbaren Verwundeten; es ist ein Matrose, dem ein
Theil seiner Brust fortgerissen ist. Man legt ihn auf
eine Tragbahre, doch er hält sie zurück und spricht
mühsam mit röchelnder Stimme:

„Lebt wohl, Brüder!" und noch einmal: „Lebt wohl,
Brüder!"

Einer seiner Kameraden nähert sich ihm, setzt ihm
seine Mütze auf den Kopf und kehrt ruhig und gelassen
zu seinem Geschütz zurück.

„Das kommt alle Tage vor; sechs bis acht Mann!"
sagt der Officier. — —

So habt Ihr die Vertheidiger Sebastopols an Ort
und Stelle kennen gelernt und Ihr kehrt zurück, ohne
— Gott weiß warum — die Bomben und Kugeln, die
Euch umsäuseln, zu beachten; Ihr seid ruhigen Herzens.
Ihr habt die feste, freudige Ueberzeugung gewonnen, daß
es unmöglich ist, die Kraft des russischen Volkes zu er=
schüttern. Die Erzählungen aus den ersten Tagen der
Belagerung Sebastopols, als es fast noch keine Be=
festigungen und keine Besatzung besaß, aber auch keinen
Zweifel, daß es sich gegen den Feind halten werde, aus

jenen erften Tagen, wo Kornilow, feine kleine Schaar
mufternd, ausrief: „Wir werden fterben, Kinder, aber
Sebaftopol nicht preisgeben!" und die Soldaten antwor=
teten: „Wir werden fterben, Hurrah!" — die Erzählungen
aus jenen Tagen find Euch jetzt zu einer Thatfache ge=
worden. Ihr werdet Euch jetzt die Männer jener fchweren
Zeit vorftellen können, die fich begeiftert zum ficheren
Tode vorbereiteten, nicht für diefe Stadt, fondern für ihr
Vaterland. —

Es beginnt fchon zu dämmern. Die verfinkende
Sonne blickt noch einmal hinter den grauen, den Himmel
bedeckenden Wolken hervor und plötzlich übergießt ihr
blutiger Schein das Gewölk, das grünlich fchimmernde,
von Schiffen und Böten und fchwankenden Wogen bedeckte
Meer und die weißen Häufer der Stadt und das Volk,
das fich in den Straßen bewegt. Ueber das Waffer hin
vom Boulevard her erfchallen die Klänge der Regiments=
mufik, begleitet vom Donner der Gefchütze auf den
Baftionen. —

II. Sebastopol im Mai.

Schon sechs Monate waren vergangen, seit die erste Kugel von den Wällen Sebastopols dahingesaust war und die Erde bei den arbeitenden Feinden aufgewühlt hatte. Seitdem waren tausende von Vollkugeln, Bomben und kleineren Geschossen ohne Aufhören hin und her ge= flogen von den Bastionen zu den Laufgräben und von den Laufgräben zu den Bastionen. Immer dieselben dumpfen Laute erdröhnten, und war der Abend klar, spähten unwillkürlich mit Grausen und Besorgniß die Franzosen von ihrem Lager aus nach den aufgewühlten gelben Stellen in den Schanzen der Festung, nach den sich auf denselben bewegenden schwarzen Gestalten unserer Matrosen und sie zählten die Schießscharten, aus welchen die Kanonen grimmig ihre gußeisernen Mäuler hervor= streckten; andrerseits betrachtete durch ein Fernrohr der am Telegraphen stehende Unterofficier neugierig die bunten Gestalten der Franzosen, ihre Batterien, Zelte und Heeres= haufen, die sich über die grünen Hügel dahinbewegten, und die Rauchwölkchen, die in den Laufgräben aufpufften. In der belagerten Stadt, auf dem Boulevard vor

dem Pavillon spielte die Regimentsmusik, und Gruppen
von Frauen und Soldaten bewegten sich in festlicher
Stimmung auf den Straßen.

Ein hochgewachsener, sich ein wenig gebeugt haltender
Infanterieofficier mit Namen Michaïlow trat aus der
Gartenpforte eines der kleinen Schifferhäuser und stieg,
indem er nachdenklich auf seine Fußspitzen niederblickte,
zu dem höher gelegenen Boulevard empor. Er trug eine
noch wenig abgenutzte Mütze, einen Mantel von feinem
Stoff und von einer etwas in Lila hinüberschimmernden
Farbe, unter welchem eine goldene Uhrkette hervorblinkte,
Beinkleider mit Stegen und glänzende Lackstiefeln.

Er näherte sich zuerst dem Pavillon, wo die Musi=
kanten standen, denen andere Soldaten desselben Regiments
die Noten hielten, und um welche sich mehr als Zuschauer,
denn als Zuhörer ein Kreis von Subalternbeamten,
Fähnrichen, Kindermädchen und deren Schutzbefohlenen
gebildet hatte. Rings um den Pavillon promenirten oder
saßen Marineofficiere, Adjutanten und andere Officiere,
meistens in weißen Handschuhen. Einem Kreise der
letzteren näherte sich Michaïlow. Diese Gruppe bestand
aus vier Officieren, nämlich dem Adjutanten Kalugin,
dem Adjutanten Fürst Galzin, dem Obersten Neferdow
und dem Rittmeister Praskuchin.

„Nun, Kapitän?" sagte Kalugin: „wann geht's
denn wieder auf die Schanze? Sie erinnern Sich doch
unserer Begegnung auf der „schwarzen Redoute"? Da
ging's heiß her — nicht wahr?"

„Ja, es ging heiß her," antwortete Michaïlow und erinnerte sich jener Nacht, wo er im Gedränge auf der Vorschanze der Redoute Kalugin begegnet war, der dort vorüberging und herzhaft mit dem Säbel rasselte: „Ich sollte eigentlich morgen erst hinaus, allein einer unserer Officiere ist erkrankt und so . . . ."

Er wollte sagen, daß an ihm eigentlich noch nicht die Reihe sei; doch da der Führer der achten Compagnie erkrankt und in dieser Compagnie außerdem nur noch ein Fähnrich übrig war, hatte er es für seine Pflicht gehalten, sich an Stelle des Lieutenants Nepschistezky anzubieten und schon heute auf die Bastion hinauszugehen.

„Ich habe solche Ahnung, als ob es in den nächsten Tagen etwas geben wird", wendete sich Kalugin an den Fürsten Galzin.

„Meinen Sie, daß es heute schon etwas geben kann?" fragte Michaïlow und sah gespannt bald Kalugin, bald Galzin an. — Keiner von Beiden antwortete ihm. —

Der Stabskapitän Michaïlow fühlte sich in dieser Gesellschaft so wohl, daß er bald garnicht mehr an den ihm bevorstehenden Gang auf die Bastion dachte. —

*　*　*

Doch kaum hatte der Kapitän wieder die Schwelle seiner Wohnung überschritten, als ganz andere Gedanken in seinen Kopf kamen. Er überblickte sein kleines Gemach mit der unebenen Lehmdiele, die schiefen mit Papier verklebten Fenster, die alte Bettstelle mit dem darüber an

die Wand genagelten Teppiche, auf welchem zwei Tula-
pistolen hingen, das schmutzige mit einer Kattundecke
überzogene Bett des Fähnrichs, seines Stubengenossen;
er erblickte Nikita, seinen Burschen, der sich von der
Erde erhob und sich in den aufgewühlten fettigen Haaren
kratzte; dann fiel sein Blick auf seinen alten Mantel,
seine Feldstiefel und auf ein kleines Bündel, aus welchem
ein Stück Käse und der Hals einer mit Schnaps ge=
füllten Flasche hervorguckten — es war für seinen Gang
auf die Bastion gepackt — und plötzlich fiel ihm ein,
daß er ja heute die ganze Nacht mit der Kompagnie in
der äußersten Schanze zubringen müßte.

„Heute werde ich bestimmt getödtet", dachte der
Kapitän, „mir ahnt das so. Ich hatt's nicht nöthig zu
gehen. — Ich habe mich freiwillig erboten. Und der
fällt immer, der sich freiwillig erbietet. Es ist das
dreizehnte Mal, daß ich auf die Bastion gehe. — —
Ah! dreizehn! Eine böse Zahl! Ich werde ganz bestimmt
bleiben, das fühle ich. Aber Einer mußte doch gehen;
die Kompagnie konnte doch nicht mit dem Fähnrich allein
hinaus! Nun, wenn etwas geschieht — — die Ehre
des Regiments, die Ehre der Armee .... Es war
meine Pflicht zu gehen, ja, meine heilige Pflicht!"

Nachdem er sich so beruhigt, setzte er sich an den
Tisch und schrieb einen Abschiedsbrief an seinen Vater.
Nach zehn Minuten erhob er sich mit Thränen in den
Augen. Der Brief war fertig. Während er sich dann
umkleidete, betete er still alle ihm bekannten Gebete.

Sein betrunkener und stets impertinenter Bursche reichte ihm faul seinen neuen Uniformrock hin; der alte, den er gewöhnlich anzog, wenn er auf die Vorwerke hinaus mußte, war noch nicht wieder geflickt.

„Warum ist der Rock noch nicht heil? Aber Du thust nichts als schlafen, Du ....," schalt ärgerlich Michaïlow.

„Was schlafen!" murrte Nikita: „den ganzen Tag muß man wie ein Hund herumlaufen; da wird man zuletzt schon müde! Aber hier soll man nicht einmal schlafen!"

„Du bist schon wieder betrunken, merke ich!"

„Aber doch nicht für Ihr Geld. — Was schelten Sie mich also deshalb?"

„Schweig, Du Dummkopf!" rief der Kapitän. Nikita's Grobheit betrübte ihn, da er ihn schon zwölf Jahre bei sich hatte und ihn liebte und verwöhnte.

„Dummkopf? Dummkopf?" wiederholte der Bursche: „Was schimpfen Sie mich Dummkopf, Herr? Jetzt ziemt es sich nicht, zu schimpfen und ist nicht die Zeit dazu!"

Michaïlow besann sich und schämte sich.

„Du würdest einen Jeden um seine Geduld bringen ... Nikita!" setzte er nachgebend hinzu: „Diesen Brief an meinen Vater laß hier auf dem Tische liegen. — Rühre ihn nicht an, hörst Du?"

Er erröthete bei diesen Worten.

„Zu Befehl," antwortete gerührt Nikita. Er hatte offenbar Lust zu weinen und zwinkerte mit den Wimpern.

Aber als auf den Stufen der Kapitän sich um=
wandte und sagte: „Leb' wohl, Nikita!" da brach dieser
plötzlich in Schluchzen aus und warf sich über die Hände
seines Herrn, um sie zu küssen.

„Leben Sie wohl, Herr!" schluchzte er.

Auch ein altes Matrosenweib, welches gerade mit
ihnen auf den Stufen stand, begann ihre Augen mit
ihren schmutzigen Aermeln zu wischen und fing an, etwas
zu schwatzen von „Herrschaften, wenn die auch schon
solche Entbehrungen sich auferlegten, sie sei nur ein armes
Mensch und sei auch Wittwe geworden," und dann er=
zählte sie dem betrunkenen Nikita zum hundertsten Mal,
wie ihr Mann gleich beim ersten Bombardement getödtet
und ihr Haus in Grund und Boden geschossen sei, nicht
das, wo sie jetzt lebe, das gehöre ihr nicht u. s. w. —

„Aber vielleicht werde ich nur verwundet," dachte
der Kapitän, während er sich in der Dämmerung mit
seiner Kompagnie dem Vorwerke näherte: „Doch wie und
wo? hier oder da?" dachte er und fühlte an seine Hüfte
und an seine Brust. „Wenn hier" — er meinte die
Hüfte — „und dann so herum — vielleicht mit Knochen=
splitter — ja, dann ist Alles vorbei!"

Der Kapitän erreichte glücklich durch die Laufgräben
das Vorwerk, stellte seine Mannschaft, während die
Dunkelheit schon völlig hereingebrochen war, an ihre
Posten und setzte sich nahe hinter der Brustwehr in eine
Vertiefung.

Das Schießen hatte etwas nachgelassen; nur von

Zeit zu Zeit flammte es bald vor, bald hinter ihm auf und die Bahn der Kugeln zeichnete sich in einem leuchtenden Bogen am dunklen Sternenhimmel ab. Aber alle Kugeln flogen weit hinten über ihn hinaus oder rechts weg von der Schanze, wo der Kapitän in seiner Vertiefung saß. .

Er trank einen Schluck Branntwein und genoß ein Stück Käse, rauchte eine Cigarette und schickte sich an, nachdem er gebetet, ein Bißchen einzuschlafen. —

* *
*

Fürst Galzin, Oberst Neferdow und Praskuchin waren alle vom Boulevard mit Kalugin gegangen, um bei ihm Thee zu trinken.

Fürst Galzin setzte sich an's Klavier und trug auf meisterhafte Art ein Zigeunerlied vor. Praskuchin stimmte ungebeten mit ein, doch so gut, daß man ihn bat, weiter vorzusingen, was ihn sehr befriedigte.

Ein Diener trat ein mit Thee, Sahne und Gebäck auf einem silbernen Servirbrett.

„Reiche dem Fürsten!" befahl Kalugin.

„Es ist doch etwas Besonderes," bemerkte Galzin indem er ein Glas nahm und an das Fenster trat: „hier in einer belagerten Stadt — — Klavier, Thee mit Sahne und eine Wohnung, wie man sie sich in Petersburg nicht besser wünschen kann."

„Ja, aber wenn wir das nicht hätten," erwiderte der stets unzufriedene Oberst, „so wäre es einfach unerträglich . . . Dies ewige Erwarten von etwas . . .

Man beschießt und schlägt sich immer, alle Tage, und
es nimmt niemals ein Ende . . . Und bei alledem noch
im Schmutze leben und ohne alle Bequemlichkeiten . . ."

„Ja, aber wie leben denn die Officiere von der
Linie?" warf Kalugin ein: „Die auf den Bastionen?
Sie leben mit ihren Soldaten in den Schanzlöchern und
essen mit ihnen dieselbe Kohlsuppe! Wie mag denen denn
zu Muthe sein?"

„Ja, wie mag ihnen zu Muthe sein! Das ist wahr!
Sie wechseln oft zehn Tage lang nicht die Kleidung. Ja,
das sind Helden, ganz besondere Menschen."

In diesem Augenblick trat ein Infanterieofficier in's
Zimmer.

„Ich . . . Es ist mir befohlen . . . Ich habe
eine Meldung an Seine Excellenz vom General Pamfilow . . ." sprach er mit einer schüchternen Verbeugung.
„Die Sache ist sehr dringlich . . ." setzte er nach einem
kurzen Schweigen hinzu.

„Dann kommen Sie nur," antwortete Kalugin,
warf sich seinen Mantel über und trat mit dem Officier
aus der Thür. —

„Nun, meine Herren, ich glaube diese Nacht wird
es noch heiß hergehen," sagte Kalugin, als er vom
General zurückkehrte.

„Was denn? Werden wir einen Ausfall machen?"
fragten die Anderen.

„Das weiß ich nicht . . . Ihr werdet es selbst
sehen," erwiderte Kalugin und lächelte geheimnißvoll.

„Mein Kommandeur steht auf der Bastion, also muß ich auch hin," sprach Praskuchin und hakte sich seinen Säbel an. Aber Niemand antwortete ihm; er mußte selbst wissen, ob es seine Pflicht war zu gehen oder nicht.

Praskuchin und Neferdow gingen Beide, um sich auf ihre Posten zu begeben.

„Leben Sie wohl, meine Herren!"

„Auf Wiedersehen, meine Herren! Hoffentlich noch in dieser Nacht!" rief Kalugin zum Fenster hinaus, an welchem Praskuchin und Neferdow, über die Kosakensättel niedergebeugt, vorübersprengten. Bald war der Hufschlag ihrer Pferde in der Dunkelheit nicht mehr zu hören.

„Sag, geht's wirklich diese Nacht los?" fragte Galzin, während er mit Kalugin in dem offenen Fenster lag und die Bahn der Kugeln beobachtete, die sich von den Bastionen erhoben.

„Dir kann ich's mittheilen. Siehst Du . . . Du warst doch auf den Vorwerken . . . Da, gerade vor uns liegt eine Reboute . . . ." Und Kalugin setzte ihm etwas umständlich die augenblickliche Situation auf unserer und der gegnerischen Seite auseinander, sowie den sich daraus ergebenden Plan, der in Vorbereitung war.

„Uebrigens da fängt es bei den Vorwerken schon zu knistern an! Oho! Kommt sie von uns oder von dem Andern? Da platzt sie!"

So sprachen sie und fuhren fort, vom offenen Fenster aus die glühenden Linien der Kugeln, die sich in den Lüften kreuzten, das Aufleuchten der Geschütze, das wie ein Blitz auf Augenblicke die dunkelblaue Wölbung und den weißen Pulverdampf erhellte, zu beobachten und dem Schall des immer mehr zunehmenden Geschützfeuers zu lauschen.

„Was für ein wunderbares Schauspiel! Ach!" sagte Kalugin zu seinem Gaste: „Man könnte zuweilen Sterne und Bomben mit einander verwechseln."

„Ja, eben hielt ich das für einen Stern — da senkt er sich und platzt — Und dort jener helle Stern! Wie heißt er? Ganz wie eine Bombe."

„Weißt Du, ich habe mich schon so sehr an den Anblick dieser Leuchtkugeln gewöhnt, daß ich überzeugt bin, es werden mir später daheim die Sterne am Abendhimmel immer wie Bomben vorkommen. — So gewöhnt man sich daran."

„Ich möchte einmal zum Ausfall hinaus. — Was meinst Du?" sprach nach einem kurzen Schweigen Fürst Galzin.

„Laß das, Bruder! Denk' nicht dran! Ich lasse Dich nicht fort!" antwortete Kalugin: „Du wirst es noch zu sehen bekommen."

„Im Ernst? Also Du meinst, wir gehen nicht hin? Hm?"

In diesem Augenblick erhob sich in der Richtung vor ihnen nach einem starken Geschützdonner ein furchtbares Kleingewehrfeuer; überall auf der ganzen Linie, bald hier, bald da blitzte es jeden Augenblick auf.

„Da! Jetzt fängt es an ernst zu werden!" rief
Kalugin: „Das Flintengeknatter kann ich nicht kaltblütig
anhören; es greift Einen förmlich an's Herz. Da ist
auch schon das Hurrah!" fügte er hinzu.

. Von der Bastion scholl es, ein langgezogener Donner
vieler hundert Stimmen, herüber: „Ah! Ah! Ah!"

„Wessen Hurrah ist das? Ihr oder unser?"

„Ich weiß nicht! Aber sie sind im Handgemenge —
das Schießen hat aufgehört!"

In diesem Augenblick sprengte ein von einem Kosaken
gefolgter Officier unter den Fenstern vorbei vor die Frei=
treppe des Hauses und sprang vom Pferde.

„Von woher?"

„Von der Bastion! Ich suche den General!"

„Kommen Sie! Wie steht's?"

„Das Vorwerk ist angegriffen .... genommen ....
die Franzosen hatten starken Nachschub .... attackirten
uns .... Wir waren nur zwei Bataillone ...."
sprach athemlos und keuchend der Officier. Es war der=
selbe, der schon am Abend in die Thür getreten war.

„Nun? Und Ihr seid zurückgewichen?" fragte Galzin.

„Nein!" antwortete verdrießlich, fast zornig der
Officier: „Das andere Bataillon kam noch zur rechten
Zeit — wurden abgeschlagen — aber der Kommandeur
ist gefallen, auch viele Officiere — — Mir ist befohlen,
um Verstärkung zu bitten."

Kalugin führte ihn zum General. —

Fünf Minuten später saß Kalugin auf einem Kosaken=

Pferde und galoppirte nach der Baſtion, um dorthin
die nöthigen Befehle zu überbringen und den Ausgang
des Angriffs abzuwarten.

Fürſt Galzin trat auf die Straße hinaus und be=
gann dort ziel= und zwecklos auf und abzugehen. —

* * *

Soldaten führten Verwundete vorüber, andere trugen
ſie auf Bahren. In den Straßen war es dunkel; nur
aus den Fenſtern der Hoſpitäler und einiger noch wacher
Officiere ſchien Licht. Von den Baſtionen erſcholl immer
daſſelbe Donnern der Geſchütze, daſſelbe Kleingewehrfeuer
und an dem dunklen Himmel flammten dieſelben Punkte
auf. Von Zeit zu Zeit vernahm man den Hufſchlag
einer vorüberſprengenden Ordonnanz, das Stöhnen eines
Verwundeten, die Schritte und das Sprechen der Träger,
weibliche Ausrufe und die Unterhaltung der erſchreckten
Einwohner, die vor die Thür hinausgetreten waren, um
die Kanonade zu beobachten.

Unter den Letzteren befand ſich auch unſer alter Be=
kannter Nikita, das Matroſenweib und deren zehnjährige
Tochter.

„Herr, Du mein Gott! Heilige Mutter Gottes!“
ſtöhnte die Alte vor ſich hin, indem ſie die die Luft durch=
kreuzenden flammenden Bälle betrachtete: Oh, was für
ein Schrecken! was für ein Schrecken! Ih! Ih! Das war
noch nicht bei der erſten Bombardirung! Nun guck! Da
platzt ſie, die Verfluchte! Gerade über unſerem Hauſe in
der Slobode!“

„Nein! das ist weiter! Sie fallen immer in den Garten der Tante Irene," widersprach das kleine Mädchen.

„Ach, und wo? wo mag jetzt nur mein Herr sein?" lallte der noch immer nicht nüchterne Nikita: „Wie liebe ich meinen Herrn, ich kann es garnicht sagen, ich liebe ihn, ich weiß selbst nicht wie; ich liebe ihn so, meinen Herrn, daß, wenn man ihn schändlicher Weise tödten sollte, ich garnicht weiß, was ich dann selbst noch thun werde. — Bei Gott! Solch' ein Herr ist es! mit einem Wort, er ist garnicht zu vergleichen mit den anderen Herren, die hier Karten spielen — Was sind die? Pschu! (er spie aus) mit einem Wort!" schloß er seine Rede.

„Seht nur die Sternlein! wie sie fliegen die Sternlein!" unterbrach nach einer Weile das kleine Mädchen das eingetretene Schweigen und blickte an den Himmel: „Da, da fliegt wieder einer! Wie kommt das, Mutter!"

„Sie werden uns noch ganz unser Häuschen zer= schlagen," seufzte die Alte, ohne dem Kinde zu antworten.

„Und als wir heute beim Onkel waren", fuhr dieses mit seinem singenden Tone fort, „da lag eine riesige Kugel dicht an seinem Schranke; sie hatte oben die Decke durch= geschlagen und war in seine Stube gefallen . . . So groß, daß Keiner sie aufheben konnte."

„Wer Geld und einen Mann hatte, die sind Alle fortgezogen," sagte die Alte: „Da, das letzte Haus dort haben sie jetzt auch zerschossen! Seht, wie sie feuern, die Bösewichte! Mein Gott! mein Gott!"

„Und als wir hinausgehen wollten, oh, wie kam da

eine Bombe geflogen, und gleich darauf platzte sie und
bewarf uns ganz mit Erde, und die Splitter hätten beinahe
mich und den Onkel getroffen," fuhr das Mädchen zu
erzählen fort.

* * *

Immer mehr Verwundete, auf Tragbahren oder ge=
stützt auf Andere, sich selbst fortschleppend und sich laut
mit einander unterhaltend, begegneten dem Fürsten Galzin.

„Wie sie auf uns lossprangen, Brüder!" sprach mit
Baßstimme ein hochgewachsener Soldat, der zwei Flinten
auf dem Rücken trug: „Wie sie auf uns lossprangen und
dabei riefen: Alleh! Alleh! (allez!) Und dann kletterten
sie förmlich Einer über den Anderen! Einen schlägt man
nieder, da steht schon wieder ein Anderer vor Dir! Ist
nichts dabei zu machen. Garnicht zu übersehen!"

„Kommst Du von der Bastion?"

„Zu Befehl, Wohlgeboren!"

„Nun? Wie war's denn? Erzähle!"

„Ja wie war's? Es kam da von ihnen her eine
Masse, Euer Wohlgeboren, kletterten auf die Schanze und
damit basta! Haben uns ganz erdrückt, Euer Wohlgeboren."

„Wie erdrückt? Ihr habt sie doch zurückgeschlagen!?"

„Wie kann man da zurückschlagen, wenn der mit
seiner ganzen Macht über einen herkommt? Und Succurs
bekamen wir nicht . . . ."

Der Soldat irrte. Die Schanze war in unseren
Händen geblieben; aber es ist eine bemerkenswerthe Eigen=
thümlichkeit, daß jeder Soldat die Schlacht, in der er

verwundet worden ist, immer für eine verlorene und für eine besonders blutige hält.

„Man hat mir doch gesagt, Ihr hättet sie zurückgeworfen?!" rief Fürst Galzin verdrießlich: „Vielleicht, nachdem Du schon fort warst? Bist Du schon lange von dort weg?"

„Eben erst, Euer Wohlgeboren," antwortete der Soldat: „Es mag ja sein, aber ich meine, er hat die Schanze in Händen .... Hat uns völlig überrumpelt!"

„Na, und schämt Ihr Euch denn nicht? Habt ihm die Schanze gelassen? Das ist ja schändlich!" rief Galzin, durch diese Gleichgültigkeit betroffen, aus.

„Was soll man machen gegen Gewalt," brummte der Soldat.

„Ih, Euer Gnaden!" rief in diesem Augenblick ein gerade in der Nähe befindlicher verwundeter Soldat, der auf einer Tragbahre lag, herüber: „Wie soll man nicht zurück, wenn er uns Alle so gut wie erschlagen hat? Hätten wir die Macht dazu gehabt, würden wir die Schanze nicht abgegeben haben. — Aber was soll man thun? Einen stieß ich nieder, da bekam ich von dem Andern einen Hieb — Oh! stoßt nicht so, Brüder! Geht sachte, langsamer — — Oh! Oh!"

„Es scheint, es kommen hier viel zu viel Leute ohne Grund zurück," dachte Fürst Galzin und denselben lang aufgeschossenen Soldaten mit den beiden Gewehren zurückhaltend, sagte er:

„Heda! Stillgestanden! Was thust Du hier?"

Der Soldat stand still und nahm mit der Linken die Mütze ab.

„Wohin gehst Du? und weshalb?" fragte Fürst Galzin strenge. Doch in demselben Augenblick bemerkte er, daß der Aermel über der rechten Hand des Soldaten aufgekrempt war und daß sein Arm unter dem Ellenbogen blutete.

„Ich bin blessirt, Euer Wohlgeboren."

„Wie denn?"

„Hier! Wohl durch eine Kugel", erwiderte der Soldat und zeigte auf seinen Arm. „Und auch hier, aber das weiß ich nicht, wie ich dazu gekommen bin." Und er bog den Kopf nieder und zeigte sein am Hinterkopf von Blut zusammengeklebtes Haar.

„Wessen Gewehr ist das?"

„Ein französischer Stutzen, Euer Wohlgeboren. Habe ihn weggenommen. Ich wäre auch nicht fortgegangen, wenn ich nicht diesen Kleinen begleiten müßte; er würde sonst umfallen." Er deutete auf einen Soldaten in der Nähe, der, auf sein Gewehr gestützt, mühsam eins seiner Beine hinter sich herschleppte.

Fürst Galzin schämte sich sehr seines ungerechten Verdachtes. Er fühlte, daß er erröthete, wandte den Verwundeten seinen Rücken zu und begab sich geradeswegs nach dem Verbandplatze.

Mit Mühe drängte er sich nach dem Eingange. Verwundete wurden hinein, Todte hinausgetragen. Fürst Galzin gelangte in den ersten Raum, sah sich hier um,

machte aber sofort wieder Kehrt und eilte in die Straße
zurück. Da drinnen war es zu entsetzlich. —

Es war ein hoher, geräumiger, dunkler Saal, nur
erhellt von vier oder fünf Lichtern, mit welchen die Aerzte
an die Verwundeten hinantraten, um sie zu untersuchen;
er war überfüllt. Doch immer mehr Verwundete brachten
die Träger herein und legten sie Einen neben den Anderen
auf den Estrich nieder, so nahe an einander, daß sie sich
berührten und ihr Zeug in dem gemeinsamen Blute auf-
weichte. Auf den noch nicht ausgefüllten Stellen standen
große Blutlachen; das fiebernde Athmen und die Aus-
dünstungen dieser Hunderte von Menschen erfüllten den
Raum mit einer schweren, dumpfen, übelriechenden Atmo-
sphäre, in welcher die wenigen zerstreuten Lichter trübe
brannten. Das durch Stöhnen, Seufzen und Röcheln
verursachte Getöse ward zuweilen durch einen gellen Aufschrei unterbrochen. Mit ruhigen Gesichtern schritten die
barmherzigen Schwestern zwischen den Verwundeten mit
Arzenei, Wasser, Binden und Charpie umher; die Aerzte
mit aufgekrempten Aermeln knieten neben ihnen nieder,
während der Feldscheer ihnen dazu leuchtete, untersuchten
und befühlten die Wunden, trotz des entsetzlichen Stöhnens
und Jammerns der Dulder. Einer saß neben dem Eingange an der Thür und notirte bei Fürst Galzin's Eintritt gerade den 532. Verwundeten.

„Iwan Bognew, Gemeiner von der III. Compagnie
des Salinginschen Regiments! Zweifacher Schenkelbruch!"
rief ein anderer, indem er das zerbrochene Bein befühlte.
„Dreh' ihn einmal herum!"

„Oh, oh! Väterchen! Ihr, unser Väterchen!" rief der Soldat flehend, ihn nicht anzurühren.

„Ein Schädelbruch!"

„Semen Neferdow, Oberstlieutenant vom Mins= kischen Infanterieregiment! Nur ein bißchen geduldig, lieber Oberst, sonst geht es nicht. Ich muß Sie sonst lassen", sprach ein Dritter, mit der Sonde im Kopfe des unglücklichen Officiers herumtastend.

„Ah! laßt das! Um Gotteswillen, schneller! schneller . . . . Ah! Ah!"

. „Kugel in der Brust! Sebastian Sereda, Gemeiner — Von welchem Regiment? Uebrigens, Sie brauchen nicht zu schreiben. Er stirbt schon. Tragt ihn fort!" sagte der Arzt und entfernte sich von dem mit brechendem Auge Röchelnden.

Vierzig Mann dienten hier als Träger, um die mit einem Verband Versehenen nach dem Hospital, die Todten nach der Kapelle zu tragen. Sie standen schweigend an der Thür, überblickten den Saal und seufzten von Zeit zu Zeit tief auf. —

* * *

Auf dem Wege nach dem Vorwerke begegnete Ka= lugin vielen Blessirten; doch durch Erfahrung belehrt, wie niederschlagend solcher Anblick im Treffen auf den Muth des Mannes einwirkt, redete er sie nicht nur nicht an, sondern gab sich sogar Mühe, sie garnicht zu sehen. Vor. dem Wall begegnete ihm ein Ordonnanzofficier, der in voller Karriere von der Bastion gesprengt kam.

„Sobkin! Sobkin! Einen Augenblick!"

„Nun? Was denn?"

„Von wo kommen Sie?"

„Vom Vorwerk!"

„Nun? Wie steht's da? Schlimm?"

„Ach, entsetzlich!"

Und die Ordonnanz sprengte weiter.

In der That, hatte auch das Gewehrfeuer fast ganz nachgelassen, so hatte jetzt die Kanonade mit erneuter Heftigkeit wieder begonnen.

„Ja, dort geht's arg her!" dachte Kalugin und eine sonderbare, unangenehme Empfindung überkam ihn wie eine Vorahnung, d. h. ein sehr gewöhnlicher Gedanke, der Gedanke an den Tod.

Aber Kalugin war ehrgeizig und pflichtbewußt, und so gelangte er ganz beherzt an den Ort, wo er vom Pferde absteigen mußte. Hier traf er vier Soldaten, die auf Steinen saßen und ihre Pfeifen rauchten.

„Was macht Ihr hier?" rief er sie an.

„Wir haben einen Verwundeten fortgetragen, Euer Wohlgeboren, und wollten nur einen Augenblick verschnaufen," antwortete Einer von ihnen, indem er die Mütze abnehmend die Pfeife hinter seinem Rücken zu verbergen suchte.

„Jawohl! Verschnaufen! Vorwärts an Eure Plätze!"

Und er selbst stieg im Laufgraben zu einem Hügel empor; bei jedem Schritte stieß er auf Verwundete.

Oben angelangt wandte er sich nach der linken Seite.
Er befand sich hier ganz allein; nahe über ihn hin
schwirrte ein Granatsplitter und schlug in die Wand des
Laufgrabens; eine andere Bombe stieg vor ihm auf und
schien gerade auf ihn zuzufliegen. Plötzlich überkam ihn
der Schrecken; er eilte, so schnell er konnte, einige Schritte
vorwärts und warf sich dann platt auf die Erde. Doch
als die Granate in ziemlicher Entfernung von ihm platzte,
ärgerte er sich über sich selber, stand wieder auf und
blickte um sich, ob Jemand seine Furcht bemerkt hätte;
aber Niemand war in der Nähe.

Aber die Furcht, ist sie erst einmal in's Herz gedrungen, tritt so leicht ihren Platz einem anderen Gefühle
nicht wieder ab. So eilte denn er, der immer damit ge-
prahlt, daß er sich im Kugelregen nie gebückt hätte, jetzt
mit beschleunigtem Schritte fast kriechend durch den Graben
vorwärts.

„Ah! Das ist kein gutes Zeichen!" dachte er, als
er über etwas stolperte: „Ich werde gewiß getödtet!"

Als er bemerkte, wie schwer er athmete und wie
Schweiß seinen ganzen Körper bedeckte, verwunderte er
sich über sich selbst, ohne doch den Versuch zu machen,
jene Schwäche zu überwinden.

Plötzlich hörte er Schritte vor sich. Er richtete sich
schnell empor, erhob den Kopf und, herzhaft mit dem
Säbel rasselnd, verlangsamte er seine Schritte. Er kannte
sich selbst nicht wieder.

Ein Sappeurofficier mit einem Matrosen kam ihm

entgegen. Plötzlich rief der erstere ihm zu: „Werfen Sie Sich nieder!" Er deutete auf einen leuchtenden Punkt, der schnell und schneller immer heller ward und plötzlich neben dem Graben niederplumpfte. Er neigte unwillkürlich unter dem Einfluß des Zurufs nur etwas sein Haupt und schritt weiter.

„Sieh mal, der ist dreist!" sagte der Matrose, der ruhig zugesehen hatte, wie die Granate fiel und mit erfahrenem Blick sogleich berechnet hatte, daß die Splitter derselben den Graben nicht erreichen konnten: „Will sich nicht niederlegen!"

Kalugin hatte nur noch einige Schritte über einen freien Platz zu machen, um bis zum Blindage des Befehlshabers dieser Bastion zu gelangen, als ihn plötzlich wieder dieselbe alberne Furcht befiel; sein Herz klopfte heftiger, das Blut stieg ihm zu Kopfe und er mußte sich gewaltsam zusammennehmen, um den Blindage*) zu erreichen.

„Sie sind ja ganz athemlos," sagte der Kommandeur, als Kalugin ihm die Befehle überbrachte.

„Ich bin sehr schnell gegangen, Excellenz!"

„Wünschen Sie ein Glas Wein?"

Kalugin leerte ein Glas und zündete sich eine Cigarette an. Der Kampf war zu Ende, nur die Kanonade dauerte noch auf beiden Seiten fort.

---

*) Blindage ist ein zum Wohnen eingerichteter Raum in der Schanze, dessen Dach durch starke Balken gebildet wird, auf welche eine Schicht Erde geschüttet ist, so daß es von einer Kugel nicht so leicht durchschlagen werden kann.

-- Im Blindage befanden sich außer dem Genera
Pamfilow, dem Kommandirenden der Bastion, noch sechs
Officiere, unter ihnen auch Praskuchin. Sie unterhielten
sich über verschiedene Einzelheiten aus der abgeschlagenen
Attacke.

Innerhalb dieses wohnlichen, mit einer blauen
Tapete ausgeschlagenen, mit Sofa, Bett, Tisch, Wanduhr
und Heiligenbildern ausmöblirten Raumes, beim Anblick
der starken Balken, welche die Decke trugen, und beim
abgeschwächten Klang der Kanonenschüsse hier drinnen,
vermochte Kalugin kaum zu begreifen, wie er sich zweimal
von einer so unverzeihlichen Schwäche hatte übermannen
lassen können. Er war mit sich unzufrieden und wünschte
eine Gefahr herbei, um sich noch einmal prüfen zu
können.

„Ich freue mich, auch Sie hier zu treffen, Kapitän,"
redete er einen Marineofficier im Stabsofficiersmantel,
mit gewaltigem Schnurrbart und mit dem Georgskreuz
decorirt, an, der kurz vorher in den Blindage eingetreten
war und den General gebeten hatte, ihm einige Leute zu
überlassen, um zwei verschüttete Ambrasuren seiner Bat=
terie wieder auszubessern: „Der General hat mir nämlich
befohlen, in Erfahrung zu bringen, ob Ihre Geschütze die
feindlichen Trancheen schon mit Kartätschen beschießen
können?"

„Das kann ich nur mit einem meiner Geschütze,"
antwortete finster der Kapitän.

„Wollen wir nicht hingehen, um es uns anzusehen?"

12*

Der Kapitän zog die Brauen zusammen und ächzte verdrießlich:

„Hab' die ganze Nacht da gestanden und bin gekommen, um mich wenigstens einen Augenblick ausruhen zu können. Mögen Sie nicht allein hingehen? Da, mein Kamerad Lieutenant Karp wird Ihnen Alles dort zeigen."

Der Kapitän kommandirte schon seit sechs Monaten seine Batterie, die eine der vorgeschobensten war, und hatte auf der Bastion gelebt, ohne sie einmal zu verlassen, als es auf derselben noch keine Blindagen gab; bei allen Marineofficieren stand er im Rufe eines sehr verwegenen Soldaten, deshalb fühlte sich Kalugin durch seine Weige= rung um so mehr überrascht und betroffen.

„Nun, so gehe ich mit Ihrer Erlaubniß allein," er= widerte er deshalb etwas ironisch dem Kapitän; doch dieser schien seine Worte nicht im Geringsten zu beachten.

Kalugin hatte nicht genugsam überlegt, daß er selbst zu verschiedenen Zeiten Alles in Allem höchstens fünfzig Stunden auf den Bastionen zugebracht hatte, während der Kapitän volle sechs Monate daselbst kommandirte und deshalb nur das unumgänglich Nothwendige riskiren wollte. Deshalb konnte ihm der junge Lieutenant, der erst vor acht Tagen zu dieser Batterie gekommen war und sie ihm jetzt zeigte, zehnmal tapferer als der Kapitän erscheinen, weil er mit ihm völlig unnöthiger Weise, Einer hinter dem Anderen, aus den Ambrasuren auf das Banket (Stufe vor dem Wall der Batterie) hinausletterte.

Nachdem er sich also die Batterie genau angesehen hatte und nach dem Blindage zurückkehren wollte, begegnete Kalugin im Dunkel dem Generale, der sich mit seinen Ordonnanzofficieren nach dem Wachtthurme begab.

„Rittmeister Praskuchin,“ sagte der General, „begeben Sie Sich bitte in die Verschanzung rechts und melden sie dem zweiten Bataillon vom Regiment Minsk, es solle zu arbeiten aufhören und zu seinem Regiment abgehen, welches hinter dem Hügel in Reserve steht. Verstanden? Führen Sie selbst das Bataillon zu seinem Regiment.“

„Zu Befehl!“ Und Praskuchin trabte nach jener Verschanzung. Das Schießen ließ etwas nach.

* * *

„Ist dies das zweite Bataillon vom Regiment Minsk?“ fragte an Ort und Stelle angelangt Praskuchin die, Säcke mit Erde anfüllenden, Soldaten.

„Zu Befehl!“

„Wo ist der Kommandeur?“

Michaïlow, in der Meinung, daß nach dem Führer der Compagnie gefragt werde, erhob sich aus seiner Vertiefung und, Praskuchin für seinen Vorgesetzten haltend, legte er die Hand an seine Mütze und trat vor jenen hin.

„Der General hat befohlen — Ihnen —, Sie möchten belieben zu gehen — sogleich — hauptsächlich aber in aller Stille zurück .... Nein, nicht zurück, sondern zur Reserve,“ sprach Praskuchin, indem er nach dem feindlichen Feuer hinüberschielte.

Michaïlow, Praskuchin erkennend, ließ seine Hand

sinken, und indem er auch schließlich begriff, was der Befehl des Generals bezweckte, gab das Kommando. Das Bataillon trat zusammen, ergriff die Gewehre, zog die Röcke an und marschirte aus der Schanze hinaus. Nur wer solches selber durchgemacht hat, kann sich einen Begriff von dem Wonnegefühl machen, welches derjenige empfindet, der einen solchen Ort, wie dieses Vorwerk, verläßt, nachdem er daselbst drei volle Stunden hindurch im Kugelregen ausgehalten. Michaïlow hatte während dieser drei Stunden schon einigemal und nicht ohne Grund seinen Untergang für unvermeidlich gehalten und sich schon ganz mit dem Gedanken vertraut gemacht, daß er dieser Welt nicht mehr angehöre. Trotzdem kostete es ihm Mühe, seine Füße zu zügeln, damit sie nicht in's Laufen kamen, als er jetzt mit Praskuchin an der Spitze der Compagnie aus der Schanze herausmarschirte.

„Auf Wiedersehen!" rief ihm der Major, der Commandeur des anderen Bataillons zu, welches in dem Vorwerk jetzt allein zurückblieb und mit welchem zusammen er in der Nische des Bollwerkes seinen Käse verzehrt hatte: „Glückliche Reise!"

„Und ich wünsche Ihnen hier glücklich auszuharren. Es scheint jetzt etwas stiller zu werden."

Doch kaum hatte er dieses gesagt, als auf der feindlichen Seite, wo man vielleicht etwas von der Bewegung in den Verschanzungen bemerkt hatte, das Bombardement wieder heftiger wurde. Auch die Unseren begannen zu antworten und so fingen die Sterne da oben an wieder zu leuchten wie vorher und das Aufflammen der Schüsse und platzenden Granaten machte die Gegenstände umher zeitweilig erkennbar. Die Soldaten marschirten schnell und schweigend dahin, unwillkürlich Einer den Andern überholend und in den kurzen Pausen zwischen den schnell folgenden Salven hörte man ihren gleichmäßigen Schritt auf dem trockenen Wege, das Klirren ihrer aneinander schlagenden Gewehrläufe, einen Seufzer oder ein kurzes Stoßgebet: „Mein Gott, mein Gott! Was ist denn das?" Zuweilen erscholl auch das Aufstöhnen eines Getroffenen und der Ruf: „Eine Bahre!"

In Michaïlow's Kompagnie allein gab es in dieser Nacht sechsunddreißig Verwundete.

Blitz auf Blitz flammte auf an dem weiten, finsteren Horizonte. Plötzlich rief der Posten vor ihnen oben auf der Bastion: „Eine Kugel!"

Eine Granate sauste über die Kompagnie hin, wühlte die Erde auf und überschüttete sie mit Steinen.

„Hol's der Teufel, wie langsam sie gehen!" dachte Praskuchin, indem er sich fortwährend umblickte und an Michaïlow's Seite ging: „Wahrhaftig, ich laufe vorwärts! Ich habe Ihnen ja schon den Befehl überbracht; aber nein, man wird mich möglicherweise später noch einen Feigling nennen. Laß kommen, was will, ich bleibe bei Ihnen."

„Was bleibt er nur immer hinter mir zurück?" dachte seinerseits Michaïlow: „Ich habe das schon so oft bemerkt: er bringt Einem immer Unglück. Da! es scheint, die kommt gerade auf uns los!"

Nach einigen hundert Schritten begegneten sie Kalugin, der, tapfer mit dem Säbel rasselnd, nach dem Vorwerke hinausging, um auf Befehl des Generals nachzusehen, wie weit die Arbeiten dort vorgeschritten seien. Doch da er Michaïlow begegnete, glaubte er sich dem gefährlichen Kreuzfeuer nicht weiter aussetzen zu brauchen, da er ja Alles reichlich so ausführlich von diesem Officiere, der dort gewesen war, erfahren konnte. Und in der That konnte ihm auch Michaïlow die genauesten Mittheilungen machen.

Nachdem sie eine kurze Strecke zusammengegangen, wandte sich Kalugin nach dem Laufgraben, der zum Blindage führte.

„Nun? Was Neues?" fragte der Officier, den er hier allein seine Abendkost verzehrend, vorfand.

„Nichts Besonderes. Es scheint für heute vorüber zu sein."

„Was vorüber?! Im Gegentheil. Der General hat sich soeben wieder auf den Wachtthurm begeben. Es ist abermals ein Regiment eingetroffen — Da! hören Sie? Wieder Flintenschüsse! Sie wollen doch nicht hin? Wozu?" fügte der Officier hinzu, als er bemerkte, daß Kalugin eine Bewegung nach dem Ausgange machte.

„Ich müßte zwar eigentlich da sein," dachte Kalugin: „Allein ich habe mich heute schon so oft preisgegeben und das Feuer ist entsetzlich — — Es ist auch wahr, ich kann sie hier erwarten," sagte er laut.

Etwa zwanzig Minuten später kehrte der General

mit den Officieren zurück; unter ihnen befand sich jetzt noch ein junger Fähnrich, der Baron Peft; dagegen fehlte Praskuchin. Der Fähnrich meldete, daß der Sturm auf ihre Verschanzungen abgeschlagen worden sei und diese in unserem Besitze geblieben.

Nach geschehener Berichterstattung verließ Kalugin mit Peft den Blindage.

„Ihr Mantel ist blutig. Also Sie waren mit im Handgemenge?" frägte Kalugin.

„Ach, entsetzlich! Stellen Sie sich vor . . . ." Und Peft fing nun an zu erzählen. Das Bataillon, welchem er als Junker beigegeben war, stand, zum Ausfall bereit, zwei Stunden lang unterm Feuer vor einer Mauer; dann rief der Oberst etwas, die Kompagnien rührten sich, das Bataillon setzte sich in Bewegung, umging die Schanze, machte Halt und formirte sich in Kompagniekolonnen. Peft erhielt den Befehl, sich als rechten Flügelmann der zweiten Kompagnie aufzustellen. Er stellte sich an seinen Platz, ohne zu wissen, weshalb er dort stehen solle; er hielt den Athem an, ein kalter Schauer überrieselte seinen Rücken, indem er versuchte, in der dunklen Ferne vor sich zu erkennen, und erwartete etwas Schreckliches. Uebrigens fürchtete er sich nicht so sehr, weil kein Schuß fiel, als weil ihm die Vorstellung so wild, so schauerlich erschien, daß sie sich hier vorn, außerhalb der Festung, auf freiem Felde befanden. Wieder sagte der Oberst etwas, wieder murmelten die Officiere etwas, das Kommando, und plötzlich senkte sich die dunkle Mauer des ersten Gliedes; es war

ihnen befohlen worden, sich niederzulegen. Auch die zweite
Kompagnie legte sich, nur nicht ihr Hauptmann; dessen
nicht sehr große Gestalt blieb in Bewegung, fuchtelte mit
dem Säbel herum und hörte nicht auf zu räsonniren.

„Jungens! daß Ihr Euch brav haltet! Keinen Schuß,
sondern mit dem Bajonnet auf die Hallunken! Sobald
ich Hurrah rufe, gleich mir nach und daß Keiner zurückbleibt!

In festgeschlossenem Gliede, Einer an der Schulter
des Andern, das ist die Hauptsache! Wir wollen es
ihnen schon zeigen. Wir werfen unser Gesicht nicht in den
Staub! Ah, Jungens? Für den Zaren, unser Väterchen!"

„Wie heißt unser Hauptmann?" hatte Pest den neben
ihm liegenden Fähnrich gefragt: „Der ist tapfer!"

„Ja, so ist er immer, wenn's zur Attacke geht,"
hatte der geantwortet: „Lissinkowsky ist sein Name."

In diesem Augenblick flammte es nahe vor dem
Bataillon auf, ein ohrbetäubendes Krachen, und Splitter
und Steine schwirrten hoch durch die Luft. Das war
eine Granate gewesen, und daß sie so nahe an die Kompagnie gerathen war, war ein Zeichen, daß die Franzosen die Kolonne bemerkt haben mußten.

„Bomben und Granaten schickt er auf uns! Warte
nur, Du Verdammter, bis Du die dreieckigen russischen
Bajonette zu kosten bekommst!" schalt der Hauptmann so
laut, daß ihm der Oberst befahl, zu schweigen und nicht
so vielen Lärm zu machen.

Alsbald erhob sich die erste Linie; die zweite folgte;
es wurde befohlen: „Gewehr rechts über," und das Ba-

taillon rückte vor. Pest befand sich in einer solchen Aufregung, daß er nicht wußte, wie lange sie marschirt,
noch was und wo er war. Er ging wie ein Betrunkener.

Plötzlich leuchteten von allen Seiten tausend Blitze
auf, es pfiff nnd knatterte um ihn. Er schrie auf und
lief irgend wohin, weil Alle liefen und schrieen. Dann
stolperte er und fiel über etwas. Das war der Hauptmann, der vor der Kompagnie verwundet worden war
und den Junker, den er für einen Franzosen hielt, beim
Fuß gepackt hielt. Eben hatte dieser seinen Fuß befreit
und sich wieder erhoben, als in der Dunkelheit ein Mann
mit dem Rücken so gegen ihn stieß, daß er ihn fast umwarf; ein Andrer rief ihm zu: „Stoß' zu! Was guckst
Du?" Er ergiff das Gewehr und stieß das Bajonnet
in etwas Weiches. „Oh, mon dieu!" rief Jemand mit
herzzereißender Stimme und jetzt erst begriff Pest, daß
er einen Franzosen niedergestochen. Ein kalter Schweiß
übergoß seinen ganzen Körper, er flog wie im Fieber
und ließ das Gewehr fallen. Doch das dauerte nur
einen Augenblick, denn sogleich fuhr es ihm durch den
Kopf: „Du bist ein — Held!" Er hob das Gewehr
wieder auf, schrie mit den Uebrigen Hurrah und eilte
von dem sterbenden Franzosen fort. Nach einigen zwanzig
Schritten befand er sich in der Tranchee; da waren die
Seinen, auch sein Hauptmann.

„Ich habe Einen niedergestochen," sagte er zu diesem.
„Brav, Baron!" antwortete der Hauptmann.

„Daß Praskuchin todt ist, wissen Sie doch?" sagte Pest zu dem ihn begleitenden Kalugin.

„Es ist nicht möglich!"

„Ich sage es Ihnen; ich habe ihn selbst gesehen."

„Uebrigens ich muß mich empfehlen; leben Sie wohl!" sagte Kalugin und auf dem Wege nach seiner Wohnung dachte er: „Ich kann zufrieden sein; ich habe bei meinem ersten Service du jour Glück gehabt; aus= gezeichnet: Ich lebe noch und bin unverletzt geblieben."

Nachdem er dem General Alles gemeldet, trat er wieder in sein Zimmer, wo der schon längst dahin zurück= gekehrte Fürst Galzin ihn erwartete.

Mit großer Befriedigung sah sich Kalugin in seiner Wohnung; er war hier außer aller Gefahr. Er wechselte die Wäsche, legte sich in's Bett und erzählte inzwischen Galzin seine einzelnen Erlebnisse. —

* * *

Kurz nachdem sich Kalugin von Michaïlow und Praskuchin getrennt hatte, näherten sich diese Beiden schon einem minder exponirten Platze und Praskuchin fing schon an freier aufzuathmen, als er es plötzlich grell hinter sich aufblitzen sah und den Ruf der Schildwache: „Eine Bombe!" sowie die Worte eines hinter ihm marschirenden Soldaten: „Die fliegt gewiß auf die Bastion!" vernahm.

Michaïlow drehte sich um; der leuchtende Punkt schien genau auf derselben Stelle zu bleiben, nur daß er sich jetzt etwas zu senken schien, jetzt mehr und schneller, er

ward größer und heller, ein unheimliches Pfeifen ward
hörbar und er ging nieder gerade mitten in die Kompagnie.

„Auf die Erde!" rief eine Stimme.

Michaïlow und Praskuchin warfen sich nieder;
Letzterer hatte die Augen geschlossen, hörte aber wie das
Geschoß ganz in seiner Nähe surrend auf der Erde kreiste;
es verging eine Secunde, die ihm lang erschien wie eine
Stunde, die Bombe platzte nicht. Praskuchin glaubte
schon, daß er sich umsonst gefürchtet; vielleicht war sie
weitergerollt und es war nur eine Täuschung seines
Gehörs, daß er vermeinte sie neben sich zischen zu hören.
Er öffnete seine Augen und gewahrte mit Genugthuung zu
seinen Füßen Michaïlow platt und unbeweglich auf der
Erde liegen. Doch zugleich erblickte er kaum einen Meter
von sich entfernt die kreisende Kugel und ihre brennende
Lunte, die seine Augen wie ein Magnet auf sich zog.
Entsetzen durchrieselte seinen Körper; er bedeckte seinen
Kopf mit den Armen.

Es verging noch eine Secunde, eine Secunde, in
welcher eine ganze Welt voll Gedanken, Empfindungen,
Hoffnungen und Erinnerungen sein Gehirn durchzog.

„Wen wird sie tödten? Michaïlow oder mich oder
uns Beide? Wenn mich, wo? In den Kopf; dann
ist Alles vorbei; wenn in's Bein, so wird es abgeschnitten,
aber ich kann noch leben. Vielleicht trifft sie Michaïlow
allein — dann werde ich erzählen, wie wir Seite an
Seite gegangen und er getroffen wurde, ich aber mit
seinem Blute bespritzt — Aber nein, sie liegt mir näher!

Vielleicht platzt sie aber garnicht," dachte er und wollte
mit verzweifelter Entschlossenheit wieder die Augen öffnen,
doch in diesem Augenblick leuchtete durch seine noch ge=
schlossenen Wimpern ein rother Schein und mit furcht=
barem Gepolter fiel etwas gegen seine Brust; er eilte irgend
wohin, stolperte über seinen Säbel und fiel auf die Seite.
„Gott sei Dank! Es war nur ein Streiffschuß!"
war sein erster Gedanke und er wollte sich mit den
Händen die Brust befühlen; aber seine Arme waren wie
irgendwo festgebunden und um seinen Kopf lag es wie
eiserne Klammern. Er wollte rufen, daß er nur ver=
wundet sei, aber die Zunge war trocken und am Gaumen
festgeklebt, und ein schrecklicher Durst quälte ihn, er
fühlte, daß seine Brust feucht war: „Ich scheine mich
beim Fallen verletzt zu haben!" dachte er, und immer
mehr überkam ihn eine Angst; er nahm alle Kräfte zu=
sammen, um zu rufen: „Helft mir!" Doch statt des
Rufs vernahm er nur ein so entsetzliches Röcheln, daß
er selbst davor erschrak; er machte nur noch eine krampf=
hafte Bewegung, er streckte sich lang aus und hörte,
fühlte und dachte nichts mehr. — Ein Splitter war ihm in
die Brust gefahren und hatte ihn auf der Stelle getödtet. —

Auch Michaïlow hatte sich auf die Erde niederge=
worfen und in jenen zwei Secunden ebensoviel gefühlt
und gedacht wie Praskuchin. Er betete zu Gott und
wiederholte immerfort: „Dein Wille geschehe! Alles ist
zu Ende, ich werde sterben!" Und als er beim Platzen
des Geschosses einen Schlag und heftigen Schmerz am

Kopfe fühlte, seufzte er: „Verzeih mir meine Sünden!"
stützte sich mit dem Arme, erhob sich und fiel be=
sinnungslos hintenüber.

Als er wieder zu sich kam, war sein erstes Gefühl
Blut, welches ihm längs der Nase niederfloß und ein
Schmerz im Kopfe, der aber allmählich schwächer wurde.

„Meine Seele verläßt mich," dachte er: „Was
wird drüben sein? Mein Gott, ich empfehle meinen Geist
in Deine Hände! Nur Eins ist sonderbar," grübelte er
weiter: „daß ich im Tode so deutlich die Schritte der
Soldaten und die Schüsse vernehme."

„Bringt die Bahre her! Unser Hauptmann ist
todt!" rief eine Stimme über ihm; er erkannte die seines
Tambours Ignatiew. Jemand packte ihn bei den
Schultern. Er versuchte die Augen zu öffnen und sah
über sich den dunkelblauen Himmel, die Sternbilder und
zwei Bomben, eine die andere jagend, er erkannte Ignatiew,
die Soldaten, einige Tragbahren, den Wall des Lauf=
grabens und plötzlich glaubte er daran, daß er noch nicht
in der anderen Welt sei.

Er war nur leicht am Kopf verwundet; der Tambour
verband ihm denselben mit einem Tuche und, indem er
ihn unter den Armen stützte, wollte er ihn nach dem
Verbandplatze führen.

„Weshalb dahin?" dachte Michaïlow, indem seine
Besinnung immer mehr zurückkehrte: „Meine Pflicht ist,
bei meiner Compagnie zu bleiben, um so mehr, als wir
bald aus dem Feuer heraus sind. — „Es ist nicht

nöthig, Bruder," sagte er laut und machte seinen Arm
von dem dienstgefälligen Tambour frei: „Ich gehe nicht
nach dem Verbandplatze, ich bleibe bei der Kompagnie."
Er machte Kehrt.

„Es wäre besser, Euer Wohlgeboren, ließen sich erst
ordentlich verbinden," warnte Ignatiew; „das kommt
nur von der ersten Hitze, daß es Ihnen nicht schlimm
erscheint. Lassen Sie es nicht schlimmer werden! Und
dort . . . Sehen Sie, wie sie uns einheizen! Wirklich,
Euer Wohlgeboren!"

Der Kapitän blieb einen Augenblick unschlüssig stehen
und wäre wohl Ignatiew's Rathe gefolgt, wenn ihm
nicht plötzlich eingefallen wäre, wie viel Schwerverwundete
wohl schon nach dem Verbandplatze gebracht worden sein
möchten.

„Die Aerzte werden über meine Schramme nur
lächeln," dachte er und kurz entschlossen wandte er sich
seiner Kompagnie wieder zu.

„Wo ist der Ordonnanzofficier Praskuchin, der
neben mir ging?" fragte er den die Kompagnie führenden
Fähnrich.

„Ich weiß nicht — wahrscheinlich wohl todt," antwortete dieser zögernd.

„Todt oder nur verwundet? Wie wissen Sie das
nicht? Er war doch bei uns! Warum haben Sie ihn
nicht mitgenommen?"

„In dem Augenblick — was war da mitzunehmen?"

„Wie können Sie so sprechen, Michaïl Iwanowitsch!"

erwiderte der Kapitän unmuthig: „Wie kann man ihn liegen lassen, wo er vielleicht noch lebt?! Und wenn auch todt, wir mußten ihn doch mitnehmen."

„Wie kann der noch leben? Ich sage Ihnen, ich war ja dabei und habe ihn selbst gesehen," versicherte der Fähnrich: „Erbarmen Sie sich! Man war froh, sich selbst wegtragen zu können. Sehen Sie diese Kanaille, läßt schon wieder seine Bomben los!" fügte er hinzu.

Der Kapitän setzte sich und griff an seinen Kopf, der durch die gemachte Bewegung wieder sehr zu schmerzen anfing.

„Nein, wir müssen ihn durchaus holen! Vielleicht lebt er noch," sagte er: „das ist unsere Pflicht, Michail Jwanowitsch."

Michail Jwanowitsch antwortete nichts.

„Er hat sich schon vorher nicht getraut, ihn mitzu= nehmen, kann ich jetzt wieder die Soldaten allein zurück= schicken? Kann ich das? Darf ich das? Bei diesem entsetzlichen Feuer?" überlegte Michailow: „Jungens!" rief er dann plötzlich, „wir müssen wieder zurück! den Officier holen, der dort im Graben verwundet liegt!"

Er sprach diese Worte weder laut noch befehlend, da er fühlte, wie schwer es den Soldaten fallen müsse, diesem Befehle zu gehorchen; und in der That, da er sich an Niemand besonders gewandt hatte, trat auch Keiner aus dem Gliede heraus, um den Befehl zu erfüllen.

„Ja, und vielleicht ist er auch wirklich todt und es lohnt sich nicht, die Leute abermals der Gefahr auszusetzen; ich allein habe Schuld, daß ich mich nicht sogleich darum bekümmert habe; so will ich auch selbst hingehen und sehen, ob er noch lebt. Ja, das ist meine Pflicht," sprach der Kapitän Michaïlow zu sich selber.

„Michaïl Iwanowitsch führen Sie die Kompagnie weiter! Ich werde Sie wieder einholen," befahl er dem Fähnrich, hielt mit einer Hand seinen Mantel zusammen, in der anderen das Bildniß des heiligen Mitrofan, an den er besonders stark glaubte, und eilte so in den Laufgraben zurück.

Nachdem er sich überzeugt, daß Praskuchin wirklich todt, schleppte sich Michaïlow keuchend und mit der Hand die Binde auf seinem arg schmerzenden Kopfe zurechtschiebend, wieder zu seiner Kompagnie zurück, welche er bereits fast außer Bereich der Kugeln am Fuß des Hügels bei dem andern Bataillone erreichte; ich sage fast außer dem Bereich der Kugeln; denn dann und wann kam auch noch hierher eine verirrte Bombe geflogen.

„Uebrigens morgen werde ich mich doch wohl auf dem Verbandplatze melden müssen," dachte Kapitän Michaïlow, während der eben angelangte Feldscher seinen Kopf verband. —

* * *

Hunderte von jungen, blutigen Menschenkörpern mit erstarrten Gliedmaßen lagen in dem bethauten, blühenden Thale, welches die Bastion von den feindlichen Trancheen trennte, und ebenso viele auf dem harten Fußboden der Todtenkapelle in Sebastopol. Hundert Andere, Flüche und Gebete auf den trockenen Lippen, krochen, bewegten sich und ächzten, die Einen zwischen den Leichen in dem blühenden Thale, die Anderen auf Tragbahren, Matten und auf dem blutgetränkten Fußboden des Verbandplatzes; und ebenso wie in früheren Tagen erglomm das Morgenroth, verblichen die strahlenden Sterne am Himmel, der weiße Morgennebel entstieg dem wogenden, dunklen Meere; der Osten flammte auf in glühendem Golde, mit rosigen Wölkchen war der hellblaue Aether überstreut, und wie in früheren Tagen der erwachenden Erde Freude, Liebe und Glück verheißend, schwamm empor das gewaltige, herrliche Tagesgestirn.

Wieder spielte am nächsten Abende die Musik der Jäger auf dem Boulevard, wieder spazierten Officiere, Junker, Soldaten und junge Weiber festlich unter den blühenden, duftigen Alleen weißer Akazien.

Kalugin, Fürst Galzin und ein Oberst gingen Arm in Arm vor dem Pavillon und unterhielten sich von den gestrigen Ereignissen.

„Aber diese Verluste! Diese entsetzlichen Verluste!" sprach der Oberst; „ich in meinem Regiment habe 400 Mann weniger; ein Wunder, daß ich noch am Leben bin."

In diesem Augenblick erschien von der entgegengesetzten Seite der Straße die Gestalt des Capitäns Michaïlow mit verbundenem Kopfe.

„Sie auch verwundet, Kapitän?" fragte Kalugin.

„Ein wenig, wohl durch einen Stein," antwortete Michaïlow.

„Ist es wahr, daß wegen Waffenstillstand verhandelt wird?" fragte Fürst Galzin.

Auch der Baron Pest stellte sich ein; er erzählte, daß er bei den Verhandlungen wegen Waffenstillstand zugegen gewesen und mit französischen Officieren gesprochen hätte.

Es fehlten nur Praskuchin, Neferdow und noch Einige, an die aber kaum noch Jemand dachte, obwohl ihre Körper noch nicht gewaschen, angekleidet und der Erde übergeben waren.

* * *

Auf unserer Bastion und auf den Trancheen der Franzosen wehten weiße Fahnen und zwischen ihnen, in dem blühenden Thale, lagen Haufen entstellter Leichname, ohne Stiefeln, in grauen und blauen Röcken. Soldaten hoben dieselben auf und beluden mit ihnen die Wagen. Leichengeruch erfüllte die Luft. Aus der Festung und aus dem Lager sind Haufen neugierigen Volkes herbeigekommen und gesellen sich scheu und wohlwollend zu einander. Laßt uns hören, wie diese Leute mit einander verkehren:

Hier, von Russen und Franzosen umgeben, betrachtet ein jugendlicher Officier die Patronentasche eines Gardisten: er spricht ein schlechtes Französisch, kann sich aber genügend verständigen.

„Weshalb' ist hierauf ein Vogel abgebildet?" fragt er.

„Weil diese Tasche einem Gardisten gehört, die sich

von den Uebrigen durch den kaiserlichen Adler unterscheidet,"
antwortet ein Franzose.

„Sind Sie von der Garde?"

„Nein, ich bin vom sechsten Linienbataillon."

„Wo haben Sie das da gekauft?" frägt der Officier
und deutet auf eine hölzerne Cigarrentasche, aus welcher
sich der Franzose eine Cigarette nimmt.

„In Balaklava; das ist ein ganz einfaches Ding
aus Palmenholz."

„Ein hübsches Ding," meint der Officier.

„Wenn Sie dieses Ding von mir annehmen wollten
zur Erinnerung an unsere Begegnung, würden Sie mich
sehr verbinden."

Und der höfliche Franzose reicht mit einer leichten Verbeugung dem Officier die Cigarrentasche; dieser überreichte
ihm dafür die seine, und Alle in dieser Gruppe, Franzosen
wie Russen, scheinen sehr zufrieden damit und lächeln. —

Dort nähert sich ein dreister Soldat im rosa Hemd
und darüber gehängtem Mantel, gefolgt von einigen Kameraden, die mit auf den Rücken gelegten Händen und
fröhlich neugierigen Gesichtern hinter ihm stehen, einem
Franzosen, und bittet ihn um Feuer für seine Pfeife.

Der Franzose pafft, raucht sein Pfeifchen in Glut
und schüttet dem Russen Feuer auf.

„Tabak bung?" sagt der Soldat im rosa Hemd,
und die Zuschauer lächeln.

„Oui, bon tabak turc und russe tabak bon?"
erwidert der Franzose.

„Russ bun —" ſagt der Soldat im roſa Hemd, wobei alle Anweſenden ſich faſt vor Lachen wälzen: „Fransze nicht bun, bonschur mussjö!" fährt der Soldat fort, auf einmal ſeinen ganzen Vorrath an Sprachkenntniß er= ſchöpfend. Dabei klopft er den Franzoſen auf den Bauch und lacht. Auch die Franzoſen lachen. „Der Kaftan bun!" fährt der dreiſte Soldat aber= mals fort, indem er die geſtickten Schöße der franzöſiſchen Uniform betrachtet, und lacht wieder.

„Nicht über die Linie treten! Auf die Plätze zurück!" ruft ein franzöſiſcher Korporal, und die Soldaten, ſichtlich unzufrieden, treten auseinander. —

Seht dort jenen zehnjährigen Jungen. Die nackten Füße in die Schuhe geſteckt, in einer alten Mütze, die wohl ſeinem Vater gehört und in Drellbeinkleidern, die nur von einem Hoſenträger gehalten werden, iſt er mit dem Beginn des Waffenſtillſtandes aus dem Wall hervor= gekommen und, immer in einem Graben hin und her= gehend, blickt er mit ſtumpfer Neugier bald auf die Fran= zoſen, bald auf die das Feld bedeckenden Leichen und pflückt ſich dabei die blauen Kornblumen, mit welchen das Thal hier überſäet iſt. Im Begriff, mit einem großen Strauße nach Hauſe zurückzukehren, hält er ſich die Naſe zu wegen des Geruches, welchen ihm der Wind entgegen= weht. Plötzlich bleibt er ſtehen an einem Haufen zu= ſammengeworfener Leichen und betrachtet einen furchtbar entſtellten kopfloſen Körper, der ihm zunächſt liegt. Nach= dem er lange ſo geſtanden, tritt er näher und berührt

mit dem Fuße den ausgestreckten starren Arm des Todten.
Der Arm biegt sich ein wenig. Er berührt ihn noch
einmal, stärker — der Arm biegt sich und schnellt in die
vorige Lage zurück. Plötzlich schreit der Knabe auf und
läuft, das Gesicht in die Blumen gesteckt, so schnell er
kann, in die Festung zurück. —

Ja, auf der Bastion und auf den Erdwällen flattern
weiße Fahnen: das blühende Thal ist übersäet mit todten
Körpern; die herrliche Sonne senkt sich nieder auf das
blaue Meer und zitternd erglänzt seine Fluth unter den
goldenen Strahlen. Viel tausend Menschen drängen sich
dort durcheinander, betrachten sich, sprechen und lächeln
mit einander; und all' diese Menschen sind — Christen,
die da glauben und bekennen das große Gebot der Liebe
und der Entsagung, und sie fallen beim Anblick dessen,
was sie gethan haben, nicht voll Reue und Buße nieder
auf die Kniee vor Jenem, der ihnen das Leben gab und
in ihre Seelen zugleich mit der Liebe für alles Gute die
Todesfurcht gelegt hat! Umarmen sie sich nicht mit
Thränen der Freude und des Glückes, wie Brüder? Nein,
sie thun es nicht.

Tröstlich für uns ist nur das Bewußtsein, diesen
Krieg nicht begonnen zu haben, wir vertheidigen nur
unsere Heimath, unser Vaterland . . . . .

Die Fahnen sind verschwunden, wieder saust aus den
Geschützen Tod und Leid, herüber, hinüber, wieder beginnt unschuldiges Blut zu fließen und Klagen und Flüche
erschallen! —

III. Sebaſtopol im Auguſt.

I.

Gegen Ende Auguſt fuhr auf der großen, zwiſchen tiefen Schluchten dahin führenden Landſtraße auf der Strecke zwiſchen Duwanka, der letzten Station dieſer Straße, und Bachtſchiſerai langſam in der Hitze und dem dichten Staube ein Officiersfuhrwerk.

Vorn auf dem Wagen, ganz in ſeinen Nankingrock zuſammengeſunken, auf dem Kopfe eine ſchlappe, ehemalige Officiersmütze, ſaß der Burſche und führte die Zügel, hinten auf Bündeln und Packeten in einen leichten Sommer= mantel gehüllt ein Officier. Am zehnten des Monats war er durch einen Granatſplitter am Kopfe verwundet worden; ſeit einer Woche ziemlich geneſen, befand er ſich jetzt auf dem Wege zu ſeinem Regiment, welches ſich irgendwo dort befand, von wo die Schüſſe herüberſchallten; ob aber in Sebaſtopol ſelbſt oder auf deſſen Nordſeite, das hatte er bisher noch nicht in Erfahrung zu bringen vermocht.

Das Schießen war ſchon deutlich vernehmbar, be= ſonders wenn ein Windhauch von dort herüberkam; bald war's, als ob eine Explosion die Luft erschütterte, bald folgte eine Reihe von Schüssen kurz hintereinander wie Trommelschlag, zuweilen durch ein sonderbares Dröhnen unterbrochen und vermischt mit einem Rollen und Krachen, ähnlich dem Donner, wenn ein Gewitter zu vollem Ausbruch gelangt und der Regen in Strömen herabzustürzen beginnt. Alle dem Reisenden Begegnenden sagten aus, daß das Bombardement jetzt ein schreckliches sei.

Der Officier trieb seinen Burschen an; er wünschte schneller vorwärts zu kommen. Es kam ihnen ein großer, von Bauern geleiteter Lastwagenzug entgegen; sie hatten Proviant in die Festung gebracht; jetzt waren die Wagen mit Kranken und Verwundeten beladen, mit Soldaten in grauen Mänteln, Matrosen in schwarzen Anzügen und bärtigen Milizen. Das Fuhrwerk des Officiers mußte in dem von diesem Zuge aufgewirbelten dichten Staube anhalten und seine Insassen betrachteten mit zusammengekniffenen Augen die Gesichter der an ihnen vorüberziehenden Verwundeten.

„Dieser da ist von unserer Kompagnie," sagte der Bursche und wandte sich zu seinem Herrn um.

Auf einem gerade vorüberfahrenden Wagen saß vorn ein vollbärtiger Bauer mit einer Mütze aus Lammwolle; den Peitschenstiel zwischen den Knieen haltend, befestigte er an demselben die Schnur; hinter ihm in der Telega wurden fünf Soldaten durcheinander geschüttelt; einer von ihnen hielt sich tapfer in der Mitte, ein Arm war ihm verbunden, über sein Hemd hatte er einen Mantel

geworfen; als er den Offficier bemerkte, griff er an seine
Mütze, doch sich wohl erinnernd, daß er ein Blessirter
sei, änderte er sogleich die Handbewegung, als ob er sich
nur den Kopf kratzen wollte. Ein Anderer lag neben
ihm im Wagen; von diesem waren nur zwei Hände zu
sehen, mit denen er sich an den Leitern festhielt, sowie die
erhobenen Kniee, die bald hier= bald dorthin geschüttelt
wurden; der Dritte, mit einem aufgedunsenen Gesicht und
verbundenem Kopfe, auf welchem eine Soldatenmütze saß,
ließ seine Füße seitwärts zwischen den Rädern herabhängen
und schien zu schlafen, indem er sich mit den Händen auf
seine Kniee stützte. Diesen rief der Officier an.

„Du! Dolschnikow!"

„Ich? Eh .... Ja?" antwortete der Angerufene
in einem so gewaltigen, gurgelnden Baß, als ob zwanzig
Mann auf einmal gerufen hätten und zog seine Mütze
herunter.

„Wann bist Du verwundet, Bruder?"

Die scheinbar bleischweren, geschwollenen Augen des
Soldaten wurden lebhafter; er hatte offenbar seinen
Officier erkannt.

„Grüß' Gott, Euer Wohlgeboren!" rief er in dem=
selben vollendeten Baß.

„Wo steht jetzt das Regiment?"

„Hat bisher in Sebastopol gestanden, Euer Wohl=
geboren, sollte aber am Mittwoch von da weg!"

„Wohin?"

„Mir unbekannt, wahrscheinlich auf die Nordseite.

Aber heute, Euer Wohlgeboren", fügte er langsam hinzu und setzte seine Mütze wieder auf, „feuert er durch und durch, meistens Bomben, fliegen schon bis auf die Bucht; heute schießt er so, daß es heillos schlimm ist ....."

Weiter waren seine Worte nicht zu verstehen; aber an seiner Haltung und Miene war zu erkennen, daß er mit der Erbostheit eines Leidenden noch weiter recht verdrießliche Dinge äußerte.

Unser Officier war Lieutenant und hieß Koselzow.

„Ja, werde wohl noch nach dem hinhören, was der Bursche schwatzt!" murmelte er vor sich hin; der Anblick der Verwundeten und die Worte des Soldaten, welche ihre Bestätigung in dem verstärkten Kanonendonner erhielten, hatten sich auf sein Herz gelegt. — „Ein lächerlicher Bursche! Vorwärts, Nikolajew! Rühr' Dich! Schläfst Du?"

Er schlug seinen Mantel fester um sich, Nikolajew schnalzte, zog die Zügel an, und im Trabe ging es weiter.

„Wir wollen nur einen Augenblick zum Füttern anhalten und heute noch gleich weiter! Vorwärts!" sagte der Lieutenant Koselzow. —

II.

Sie fuhren bereits in die Ueberreste des von Tataren bewohnten Dorfes Duwanka hinein, als sie abermals durch einen Lastwagenzug aufgehalten wurden. Diese Wagen waren auf dem Wege nach Sebastopol, waren mit

Granaten und Bomben beladen und hatten in den Straßen des Dorfes Halt gemacht.

Zwei Fußsoldaten saßen auf den staubbedeckten Steinen einer zusammengestürzten Mauer an der Seite der Straße und verzehrten ihr Brod und eine Wassermelone.

„Habt Ihr noch weit, Landsmann?" rief Einer von ihnen einen Vorübergehenden an, der seinen Mantelsack auf der Schulter trug.

„Zu meiner Compagnie vom . . . .'schen Regiment," antwortete der Wanderer, indem er es vermied, die Wasser-melone anzublicken und den Mantelsack auf seinem Rücken zurechtschob: „Wir waren so lange, wohl seit drei Wochen, beim Heuwerben für das Regiment, aber jetzt sind ja Alle hinbeordert. Nur Niemand weiß, wo jetzt das Re-giment steht; Einige sagen, auf der Hafenseite seit voriger Woche; habt Ihr nichts davon gehört, Landsleute?"

„Es steht in der Stadt, Bruder, in der Stadt," antwortete der ältere der beiden Soldaten, indem er mit dem Messer in der unreifen, weißen Melone herumschnitt. „Wir sind erst seit Mittag von dort heraus; aber da geht's bös' her, Brüderchen!"

„Wie denn?"

„Hörst Du denn nichts? Heute feuert er von allen Seiten, da bleibt kein Fleck heil! Ach, wie viel von Unsereinem hat er schon todtgeschlagen, es ist gar nicht zu sagen!"

Der Sprecher machte eine verächtliche Handbewegung und rückte seine Mütze zurecht.

Der Fußgänger schüttelte nachdenklich den Kopf, zog aus seinem Stiefel eine kleine Pfeife hervor, lockerte darin den schon früher einmal angebrannten Tabad, legte ein Stückchen Zunder drauf und lüftete seine Mütze.

„Nikto kak Bog! (Keiner als Gott!) Nun, lebt wohl, Landsleute!" sagte er, schob sich den Mantelsad zurecht und ging weiter auf der Landstraße.

„Eh! Kommst noch immer früh genug!" rief ihm der Besitzer der Wassermelone überredend nach.

„Alles einerlei!" brummte der Fußgänger und drängte sich zwischen den Rädern der hier zusammengeschobenen Wagen hindurch. —

III.

Das Postgebäude war von Menschen überfüllt, als Koselzow vorfuhr. Die erste Person, die ihm hier auf der Freitreppe begegnete, war der Postmeister, ein hagerer, noch sehr junger Mann, der sich mit zwei ihm folgenden Officieren zankte.

„ . . . . Und nicht nur drei, Sie können vielleicht noch zehn Tage warten müssen! Sogar Generäle müssen warten lernen, Väterchen! Ich soll mich doch nicht etwa selbst vorspannen vor Ihren Wagen!?"

„Ja, wenn keine Pferde da sind, dürfen Sie auch Keinem welche geben! Sie haben doch eins einem Diener für sein Gepäck gegeben!" rief der ältere der beiden Officiere.

„Urtheilen Sie doch selbst, Herr Postmeister," sprach

etwas stockend der andere noch sehr junge Officier: „Wir
machen diese Reise doch nicht zu unserem Vergnügen.
Wenn man uns ruft, bedarf man unser. Ich werde es
wirklich dem General melden! Denn was soll das heißen?
Sie achten nicht den Officiersstand . . .‟

„Sie verderben Alles!‟ unterbrach ihn verdrießlich
der Aeltere: „Sie hindern mich nur; man muß ver=
stehen, mit solchen Leuten zu sprechen — Jetzt hat er
schon den Respect verloren. Ich sage Ihnen, daß sofort
Pferde da sind!‟

„Sehr gern, Väterchen! Aber woher soll ich sie
nehmen?‟

Nach einem kurzen Schweigen fing der Postmeister
wieder an, sich zu ereifern, fuchtelte mit den Händen
umher und sagte:

„Ich begreife Alles sehr wohl, Väterchen, aber was
thun? Noch einen Monat so weiter und ich bin zu Ende!
Lieber will ich doch auf den Malakow, als hier aus=
halten! Bei Gott! Thun Sie, was Sie wollen! Aber
auf der ganzen Station, sage ich Ihnen, ist kein heiler
Wagen und schon seit drei Tagen haben die Pferde kein
Heu mehr gesehen!‟

Damit verschwand der Postmeister aus dem Hof=
thore.

Koselzow trat zugleich mit den beiden Officieren in
das Gastzimmer.

„Nun‟, sprach der Aeltere ganz gelassen zu dem
Jüngeren: „Wir sind jetzt schon drei Monate unterwegs —

Warten wir noch ein Weilchen! Thut nichts; kommen
doch noch einmal hin."

Das räucherige, schmutzige Zimmer war so von
Officieren und Gepäck überfüllt, daß Koselzow mit genauer
Noth nur noch einen Platz auf der Fensterbank fand;
dort setzte er sich, beobachtete die Gesichter der Anwesenden und horchte ihren Gesprächen, während er sich
eine Cigarette drehte.

Rechts von der Thür neben einem wackeligen, mit
Fett beschmierten Tisch, auf welchem zwei schon zum
Theil grün gewordene Samoware standen, saß ein blut-
junger, bartloser Officier in einem neuen, gesteppten kurzen
Ueberrock. Vier andere, ebenso junge Officiere hielten
sich in verschiedenen Theilen des Zimmers auf; einer,
mit einem zusammengewickelten Pelze unter dem Kopfe,
schlief auf dem Sofa; ein Anderer stand an einem Tische
und schnitt für einen Officier ohne Arm, der neben ihm
saß, ein Stück Hammelbraten entzwei. Zwei weitere
Officiere, von denen Einer die Abzeichen eines Adjutanten,
der andere einen Mantel von sehr feinem Tuch und eine
Tasche über der Schulter trug, saßen am Ofen. Auch
ein junger Arzt mit dicken Lippen und ein Artillerist mit
ausgesprochen germanischem Gesichte saßen fast auf den
Füßen des schlafenden Officiers und zählten ihr Geld
nach. Ferner waren da noch vier Burschen, von denen
zwei schliefen, während die beiden anderen mit dem Gepäck beschäftigt waren.

Obwohl Koselzow nirgends ein bekanntes Gesicht

traf, horchte er doch auf die Unterhaltung. Vor Allen gefielen ihm die jungen Officiere, die, dem Aussehen nach zu urtheilen, erst eben vom Pagencorps kamen, hauptsächlich wohl deshalb, weil sie ihn an seinen Bruder erinnerten, der ebenfalls in diesen Tagen geradeswegs von jenem Corps bei einer der Batterien Sebastopols eintreffen sollte. —

IV.

„In der That, sehr verdrießlich!" äußerte sich einer der jungen Officiere: „So nahe am Ziel, können wir es doch nicht erreichen! Heute vielleicht gerade findet ein Gefecht statt, und wir sind nicht dabei!"

Der Officier ohne Arm sah ihn lächelnd an:

„Glauben Sie mir, Sie kommen noch immer früh genug."

Der junge Officier sah mit einem Blick der Hochachtung in das magere Gesicht des Invaliden; dann wendete er sich an einen seiner Altersgenossen:

„Ja, wie machen wir's denn? Wollen wir hier übernachten, oder fahren wir mit unserem Gaul weiter?"

Der Andere entschied sich für's Bleiben.

„Können Sie sich vorstellen, Kapitän," fuhr dann der Erstere fort und schenkte dem Invaliden eine Tasse Thee ein: „Man hat uns gesagt, daß die Pferde in Sebastopol schrecklich theuer seien; wir beide zusammen haben uns deshalb in Simferopol ein Pferd gekauft . . ."

„Und haben es wohl recht theuer bezahlt?"

„Ich weiß nicht, Kapitän; wir haben für das Pferd mit dem Wagen neunzig Rubel bezahlt; ist das zu theuer?" fragte er und wandte sich mit dieser Frage an Alle, auch an Koselzow, der ihn gerade ansah.

„Durchaus nicht theuer, wenn es ein junges Pferd ist," antwortete Koselzow.

„Nicht wahr? Und man sagte uns, wir hätten es zu theuer bezahlt. Es lahmt zwar ein wenig, aber das wird sich verlieren. Im Uebrigen, sagte man uns, sei es sehr kräftig."

„Aus welchem Corps sind Sie?" fragte Koselzow in der Hoffnung, etwas über seinen Bruder zu erfahren.

„Wir kommen aus dem Abelsregiment. Wir sind unserer sechs und gehen als Freiwillige nach Sebastopol," erzählte der gesprächige junge Officier: „Nur wissen wir nicht, wo unsere Batterie steht; die Einen sagen, in Sebastopol, und hier sagt man uns heute, in Odessa."

„Konnten Sie das nicht am besten daheim in Er- fahrung bringen?"

„Dort wußte man auch nichts. Denken Sie Sich: Einer unserer Kameraden hatte sich auf die Kanzlei be- geben, aber dort haben sie ihm nur Grobheiten ge- sagt . . . Das ist doch wirklich nicht angenehm . . . . Ist Ihnen vielleicht eine Cigarette gefällig?" wandte er sich wieder dem invaliden Kapitän zu, der sich bemühte, seine Cigarrentasche hervorzuziehen, und fuhr dann weiter fort: „Sie kommen gewiß aus Sebastopol? Mein Gott, wie haben wir stets in Petersburg an Sie Alle, wie

an Helden gedacht!" Und mit achtungsvoller, freudiger
Offenheit glitt sein Blick über den Kapitän und Roselzow.

„So können Sie ja möglicherweise noch wieder
zurückgeschickt werden," sagte dieser.

„Das fürchten wir gerade. Stellen Sie Sich vor,
als wir uns das Pferd kauften und was sonst noch
nöthig war, eine Spiritus-Kaffeekanne und andere Kleinig=
keiten, blieb uns von unserem Gelde fast nichts mehr
übrig." Er sprach dies mit leiser Stimme und blickte
sich dabei nach seinen Kameraden um: „Wenn wir also
jetzt zurückgeschickt werden, wissen wir garnicht, was an=
fangen."

„Haben Sie denn keine Reisegelder bekommen?"
fragte Roselzow.

„Nein", erwiderte jener flüsternd: „Man hat uns
nur gesagt, daß wir hier welche erhalten würden."

„Aber Sie haben doch eine Bescheinigung?"

„Ja, ich wußte, daß wir nothwendig eine Be=
scheinigung haben müßten, aber ein Senator in Moskau,
mein Onkel, sagte mir, die würden wir hier erhalten;
sonst hätte er selbst mir eine gegeben — — Also wir
werden doch hier eine bekommen?"

„Gewiß werden Sie bekommen."

„Ich meine auch bestimmt, daß wir bekommen
werden," sagte er mit leiser Stimme, die bewies, daß er
auf allen Stationen dieselbe Frage gestellt und überall
verschiedene Antworten erhalten hatte, und daß er jetzt
eigentlich Keinem mehr glaube. —

V.

„Wer hat Bartsch*) bestellt?" fragte eine laute Frauenstimme. Es war die Wirthin, eine wohlbeleibte, ziemlich schmutzig gekleidete Frau von etwa vierzig Jahren, die soeben mit einer Suppenschale in's Zimmer getreten war.

„Ach, die hat Koselzow bestellt," sprach der junge Officier: „Wir müssen ihn wecken. Steh' auf, Koselzow. Dein Essen ist da!" wendete er sich an den auf dem Sofa Liegenden und schüttelte ihn an den Schultern.

Ein junger Mensch von kaum siebzehn Lenzen mit munter um sich schauenden schwarzen Augen und rothen Wangen sprang vom Sofa und stand, sich die Augen reibend, mitten im Zimmer.

„Bitte, entschuldigen Sie!" sprach er zu dem Arzte, welchen er beim Aufspringen etwas gestoßen hatte.

Der Lieutnant Koselzow hatte in ihm sofort seinen Bruder erkannt und trat vor ihn hin.

„Nun? Erkennst Du mich nicht?" fragte er lächelnd.

„Ach! Ach! Das ist doch merkwürdig!" rief der Jüngere, und die Brüder küßten sich dreimal.

„Wie mich das freut," sagte der Aeltere: „Komm' mit vor die Thür, daß wir uns aussprechen können."

„Ja, komm! Ich will keine Suppe; iß Du, Federson!" wandte sich der Jüngere an einen seiner Kameraden.

---

*) Russische Beetensuppe.

14*

„Aber Du wolltest doch essen?"

„Nein, nein! Ich mag nicht." —

Draußen fragte der Aeltere den Jüngeren, warum er nicht, wie doch Alle erwartet hätten, in die Garbe eingetreten sei.

„Ich wünschte schneller nach Sebastopol zu kommen. Freilich, wenn ich dort fallen sollte .... Nun, dann hilft es nicht!"

„Also solch Einer bist Du?" erwiderte lächelnd der Bruder.

„Ja, weißt Du," entgegnete verlegen erröthend der Andere, „ich habe mich eigentlich deshalb freiwillig ge= meldet, weil man sich schämt, in Petersburg zu leben, während Andere hier für's Vaterland sterben. Auch in Deiner Nähe wollte ich gern sein," fügte er noch verlegener hinzu.

„Ach! Nun sieh doch Einer!" sagte der Aeltere und zog seine Cigarrentasche hervor, ohne seinen Bruder an= zusehen: „Es ist nur Schade; wir können doch nicht zu= sammenbleiben." —

„Nun sag' einmal, aber ganz aufrichtig: Ist es wirk= lich so gefährlich auf den Bastionen?" fragte nach einer Weile ganz unvermuthet der Jüngere.

„Zuerst erscheint es Einem so, aber später gewöhnt man sich daran; es ist nicht so schlimm, Du wirst es selbst sehen."

„Und dann noch Eins: was meinst Du, werden sie Sebastopol einnehmen? Ich glaube das auf keinen Fall."

„Das mag Gott wissen."

„Weißt Du, uns ist etwas Unangenehmes passirt; stell' Dir vor, was für ein Unglück: man hat mir unterwegs mein ganzes Gepäck gestohlen, und ich hatte darin auch meinen Tschako; so bin ich jetzt in einer scheußlichen Lage und weiß garnicht, wie ich mich vorstellen soll."

„Nimm nur, was Du hast, und dann können wir gleich fahren," erwiderte der Aeltere.

Sein Bruder erröthete plötzlich ganz verlegen.

„Gleich nach Sebastopol?" fragte er nach einer kurzen Pause.

„Nun ja, Du hast ja nicht viele Sachen. — Ich helf' Dir beim Einpacken."

„Nun gut, fahren wir gleich," sagte mit einem Seufzer der Jüngere und ging in's Zimmer zurück.

Doch bevor er die Thür öffnete, hielt er einen Augenblick vor derselben auf dem Flur an, ließ traurig den Kopf sinken und dachte:

„Also gleich nach Sebastopol, unter die Bomben! Schrecklich! Uebrigens einerlei! Einmal mußte ich ja doch hin und jetzt wenigstens mit dem Bruder zusammen...."

VI.

Nikolajew, der sich vor Allem in Duwanka mit zwei Glas Branntwein bei einem, denselben auf der Brücke feil bietenden Invaliden gestärkt hatte, zog die Zügel an. Der Wagen polterte auf der steinigen, zum Theil von Bäumen beschatteten, nach Sebastopol führenden Landstraße dahin. Die beiden Brüder, oft gegen einander geworfen, saßen schweigsam nebeneinander.

„Sag, hast Du auch schon ein Gefecht mitgemacht?" fragte endlich der Jüngere.

„Nein, noch gar keins," antwortete der Andere: „Von unserem Regiment sind zwar schon zweitausend geblieben, doch Alle nur bei den Erdarbeiten; ich selbst bin ja auch dabei verwundet worden. Der Krieg ist ganz anders, als Du ihn Dir vielleicht vorstellst, Wolodja."

„Ist das da schon Sebastopol?" fragte nach einiger Zeit Wolodja, als sie sich auf der Höhe eines Berges befanden.

Vor ihnen lag ausgebreitet die Hafenbucht mit den Masten der versenkten Schiffe, das Meer mit der feindlichen Flotte, die hellen Schanzen am Ufer, die Kasernen, Wasserleitungen und Schiffswerfte, die Gebäude der Stadt und die weißen und grauen Rauchwolken, die sich fortwährend von den gelben Erdwällen erhoben, die ganze Stadt umgaben und unter dem blauen Himmel standen, rosig überhaucht von den Strahlen der Sonne.

Ohne die geringste Erregung erblickte Wolodja zum ersten Mal diesen Ort des Jammers, darüber er soviel gehört und gedacht hatte, und seine Augen schweiften unverwandt darüber hin, bis der Wagen in die nördliche Stadt hineinfuhr und sie an das Quartier der Intendantur gelangten. Nur hier konnten sie mit Sicherheit erfahren, wo die einzelnen Regimenter und Batterieen augenblicklich ihren Stand hatten.

Der hier befehligende Officier hauste neben der
sogenannten „neuen kleinen Stadt", die aus bretternen,
von Schiffsleuten erbauten Baracken bestand, in einem,
mit einer aus verwelkten Eichenzweigen erbauten ziemlich
geräumigen Hütte verbundenen Zelte.

Die Brüder trafen ihn in jener Hütte vor einem
schmutzigen Tische sitzend, auf welchem er mit Hülfe einer
großen Rechenmaschine einen riesigen Haufen Papiergeld
nachzählte. Der Intendanzkommissionär, der mit diesem
Officier hier zusammenlebte, mit ihm die Fourage und
Regimentsbagage zu besorgen hatte und mit ihm in enger
Freundschaft stand, schlief, als die Brüder eintraten, gerade in dem Zelte und überließ den monatlichen Rechnungs-
abschluß der Kronsgelder seinem Kollegen allein.

„Ach! das schöne Geld! das viele Geld!" rief unwillkürlich mit einem lüsternen Blick auf den großen Haufen
von Assignaten der ältere Koselzow bei seinem Eintritt in
die Hütte: „Könnten Sie mir nicht nur die Hälfte davon
leihweise überlassen, Wassili Michailowitsch?"

Der Fourageofficier neigte beim Anblick seines Be-
suches grüßend den Kopf, ohne sich zu erheben und schob
das Geld zusammen.

„Ja, wenn's mein Eigen wäre! Aber es sind Kronsgelder, Väterchen! Wen bringen Sie da mit?" fragte er
mit einem Blick auf Wolodja und warf das Geld in eine
neben ihm stehende Kiste.

„Mein Bruder, kommt aus dem Corps. Wir kommen zu Ihnen, um zu erfahren, wo unser Regiment steht."

„Nehmen Sie Platz, meine Herren," erwiderte der Fourageofficier, erhob sich und begab sich nach dem Zelte: „Nicht ein Gläschen, vielleicht Porter gefällig?"

„Wäre nicht zu verachten, Wassili Michailitsch.... Aber wo steht denn mein Regiment?"

„Heute war Siefert hier, der erzählte, es habe jetzt die fünfte Bastion bezogen."

„Also das ist sicher?"

„Wenn ich es sage, so ist es sicher. Uebrigens, weiß der Teufel, es kommt dem auch gerade nicht auf eine Lüge an. Also Sie trinken Porter?"

„Meinetwegen. Ich trinke ihn schon!"

„Und trinken Sie auch, Ossip Ignatjewitsch?" rief der Fourageofficier in das Zelt hinein, wahrscheinlich dem schlafenden Kommissionär zu: „Es ist genug geschlafen! Schon fünf Uhr!"

„Was wollen Sie? Ich schlafe garnicht!" antwortete faul eine dünne Stimme.

„So stehen Sie auf! Es ist langweilig. Bring' Porter!" rief der Fourageofficier dem Burschen zu, und dieser zog unter einer Bank einige Flaschen hervor. —

Eine Flasche war bereits unter ähnlichen Gesprächen geleert, als die Vorhänge des Zeltes auseinandergeschlagen wurden, und herein trat ein nicht großer Mann mit frischer Gesichtsfarbe, in einem blauen, betrobbelten Schlaf-rock und einem Käppi mit rother Borte.

Sein Schnurrbärtchen drehend und irgendwohin vor sich auf den Teppich sehend, trat der Kommissionär herein und beantwortete mit einer kaum bemerkbaren Schulterbewegung den Gruß der Officiere.

„Gieb mir! Ich trinke auch ein Gläschen," sagte er und setzte sich mit an den Tisch: „Also Sie kommen von Petersburg, junger Mann?" fragte er freundlich Wolodja.

„Ja, ich wollte nach Sebastopol."

„Sie haben sich freiwillig erboten?"

„Ja."

„Aber wie kommen Sie nur dazu? Das kann ich nicht fassen, meine Herren," sprach der Kommissionär: „Ich selbst, glaub' ich, wäre bereit, von hier zu Fuß nach Petersburg zu marschiren, wenn man mich nur fort- ließe. Wahrhaftig, dies verfluchte Leben hier ist mir in der Seele zuwider."

„Was stehen Sie denn hier aus?" wandte sich der ältere Koselzow an ihn: „Sie haben doch hier ein Leben voller Freuden."

„Nur Gefahren und Entbehrungen! Nichts kann man hier erhalten!" Und dann sich wieder Wolodja zuwendend fuhr er fort: „Was Sie dazu treiben kann, das begreife ich nicht, das begreife ich entschieden nicht, meine Herren. Wenn Sie noch einen Vortheil davon hätten, aber so um nichts und wieder nichts .... Nun, wäre es denn gut, so in Ihren Jahren plötzlich zum Krüppel für's ganze Leben zu werden?"

„Die Einen dienen des Geldes, die Andern der Ehre wegen," antwortete mit Aerger in der Stimme der ältere Koselzow für Wolodja. — —

„Ist er ein guter Mensch, dieser Wassili Michailitsch?"
fragte Wolodja seinen Bruder, als sie in der Dämmerung
die Hütten verließen und weiter nach Sebastopol fuhren.

„Es geht, nur furchtbar habgierig.... Aber diesen
Kommissionär kann ich nicht ausstehen; den werde ich
noch einmal durchprügeln."

VII.

Ohne sich niedergedrückt zu fühlen, hatte Wolodja
doch ein gewisses Gefühl der Beängstigung auf seinem
Herzen, als sie sich der großen Schiffsbrücke näherten,
welche über die Bucht nach der anderen, südlichen Stadt-
seite hinüberführte.

Als sie neben dem Michailow'schen Fort anhielten
und vom Wagen herabstiegen, sagte der ältere Bruder:

„So, jetzt wären wir da! Läßt man uns über die
Brücke, so gehen wir gleich nach der Nikolajew'schen Kaserne.
Dort bleibst Du bis morgen; ich suche mein Regiment
auf und erkundige mich, wo Deine Batterie steht. Dann
hole ich Dich morgen wieder ab."

„Weshalb? Können wir nicht zusammenbleiben?"
fragte Wolodja: „Ich gehe mit Dir auf die Bastion,
denn ich muß mich ja doch daran gewöhnen. Wo Du
bist, kann ich doch auch sein."

„Besser wäre es, Du gingest nicht mit ....."

„Nein, bitte! So erfahre ich wenigstens, wie es
dort hergeht."

„Mein Rath ist, nicht mitzugehen. Uebrigens, wie
Du willst." —

Der Himmel war unbewölkt und dunkel; die Sterne
und die sich zwischen ihnen bewegenden Bomben glitzerten
hell in der Finsterniß. Das große, helle Gebäude des
Forts und der Brückenkopf ragten ins Dunkel empor.
Jeden Augenblick erschütterten Explosionen und Schüsse,
bald vereinzelt, bald kurz hintereinander, bald mehrere
auf einmal die Luft. Zwischen diesem Donner grollte
dumpf die Brandung der Bucht. Vom Meere her wehte
ein feuchter Duft.

Die Brüder näherten sich der Brücke. Eine Schild=
wache rief sie an; „Wer da!"

„Militär!"

„Der Uebergang ist nicht erlaubt!

„Aber wenn wir müssen?"

„Fragen Sie den Officier."

Ein auf einem Anker sitzender Officier erhob sich und
befahl, die Ankommenden durchzulassen.

„Hinüber ist gestattet, aber nicht von dort nach hier—
Heda! Wohin? Alle etwa auf einmal?" rief er einigen
mit Schanzkörben hochbeladenen Wagen zu, die sich am
Eingange zur Brücke festgefahren hatten.

Die Brüder stiegen auf den ersten Ponton hinab.
Hier kamen ihnen einige sich laut unterhaltende Soldaten
entgegen:

„Eh, Brüder!" sprach eine Stimme: „Je näher man
der Nordseite kommt, um so lichter wird's um Einen!
Eine ganz andere Luft!"

„Ja, schwaß' noch!" erwiderte eine andere. „Gestern
kam eine von diesen Verfluchten auch hierher geflogen,
riß zwei Matrosen die Beine weg . . . . ."

Die Brüder hatten den ersten Ponton passirt und
warteten auf ihr nachfolgendes Fuhrwerk; sie standen auf
dem zweiten Ponton, den dann und wann eine Welle über-
schwemmte. Der Wind, der auf dem Lande ihnen schwach
erschienen war, wehte hier scharf und in einzelnen Stößen;
die Brücke schwankte hin und her und die Wogen, von
den Ketten und Ankertauen zerschnitten, schlugen klatschend
an das Gebälk und spritzten zwischen den Brettern hervor.
Aus weiter Ferne blinkten einige Lichter herüber, wahrscheinlich von der feindlichen Flotte. An der linken Seite
erhob sich die dunkle Masse eines unserer Schiffe und
man hörte den Anprall der Wellen gegen seine Flanke.
Ein Dampfschiff fuhr schnell und rauschend von der Nordseite vorüber; das Feuer einer ganz in seiner Nähe
platzenden Bombe ließ während eines Augenblickes die
hoch am Bord aufgeschichteten Schanzkörbe, zwei Menschen,
die oben darüber standen und den weißen Gischt der grün-
lichen Wellen vor seinem Bugspriet erkennen. Am Rande
der Brücke, nur mit einem Hemd bekleidet, saß ein Mann
und besserte etwas an einem der Pontons aus. Vor
ihnen über Sebastopol kreuzten sich die fliegenden Sterne
und lauter und immer lauter erscholl von dort der un-
unterbrochene Kanonendonner. Eine Welle überfluthete
Wolodja's Füße; zwei Soldaten, mit den Stiefeln in's
Wasser patschend, gingen an ihm vorüber; plötzlich erscholl

ein lauter Knall, rings um ihn erhellte sich die Brücke und
auf derselben einige Wagen und ein Reiter, und schwirrend
sausten einige Bombensplitter in das aufspritzende Wasser.

„Ah! Michalo Sewënitsch!" rief der Reiter den
älteren Koselzow an und hielt neben ihm still: „Schon
ganz genesen?"

„Wie sie sehen! Wohin des Wegs?"

„Auf die Nordseite — Patronen besorgen! Fungire
heute als Regimentsadjutant — Wir erwarten von Stunde
zu Stunde einen Sturmangriff."

„Wie geht's Marzew?"

„Hat gestern ein Bein verloren . . . . War in der
Stadt, schlief in seinem Zimmer . . . . Kennen Sie ihn?"

„Das Regiment steht doch auf der fünften, nicht
wahr?"

„Ja, in Ablösung des Mohilew'schen Regiments . . . ."
Gehen Sie nach dem Verbandplatz — — Dort finden
Sie einige von den Unsern . . . . Können mit Ihnen
hinausgehen."

„Nun, und was macht mein Quartier an der
Morskaja?"

„Ach, Väterchen! längst über den Haufen geschossen!
Sie werden Sebastopol nicht wieder erkennen; von Weibern
keine Seele mehr vorhanden, auch keine Restaurants, keine
Musik mehr. Gestern ist das letzte Etablissement auf-
gegeben. Jetzt ist es da trostlos öde geworden. Leben
Sie wohl!"

Und der Officier ritt im Trabe weiter.

Dem jüngeren Roselzow war es plötzlich ganz un-
heimlich geworden. Es schien ihm immer, als ob im
nächsten Augenblick wieder eine Bombe geflogen kommen
und einer ihrer Splitter geradewegs in seinen Kopf fliegen
würde. Er seufzte tief auf und entfernte sich etwas von
seinem Bruder.

„Mein Gott! Ist es möglich, daß ich gleich getödtet
werde? Gerade ich? O Gott, beschütze mich!" murmelte
er und bekreuzte sich.

„Nun komm, Wolodja," sprach der ältere Bruder,
als der Wagen auf die Brücke fuhr: „Hast Du vorhin
die Bombe gesehen?"

Wagen mit Verwundeten und Schanzkörben, auch
einer mit Möbeln und Hausgeräth beladen und von
einer Frau gelenkt, begegneten ihnen auf der Brücke.
Drüben, auf dem anderen Ufer der Bucht hielt Niemand
sie an.

Sie gingen schweigsam an der Mauer des Nikolajew'schen
Forts entlang und lauschten dem Sausen der über ihre Köpfe
dahinschwirrenden Bombensplitter, bis sie an eine Stelle
gelangten, wo sich ein Muttergottesbild befand. Hier
erfuhren sie, daß die leichte Batterie, zu der Wolodja
gehörte, sich an der Hafenseite befände, und sie entschieden
sich jetzt, trotz der größeren Gefahr doch Beide zusammen erst auf die fünfte Bastion hinauszugehen, dort
zu übernachten und morgen erst Wolodja's Batterie auf-
zusuchen. Sie bogen in einen schmalen verdeckten Gang
ein, schritten über die Beine eines hier schlafenden Sol-

baten unb gelangten am Enbe ber Fortmauer auf ben
Verbanbplaß. —

VIII.

Im erſten rings mit Pritſchen voll Verwunbeten
gefüllten Zimmer begegneten ſie zwei barmherzigen
Schweſtern.

Die Eine, eine Frau von etwa 50 Jahren, trug
Binben unb Charpie unb ertheilte einem jungen Burſchen,
ber ihr folgte, Befehle. Die Anbere, ein ſehr hübſches
junges Mäbchen von 20 Jahren, mit bleichem, blenbenb
zartem Geſichte ging an ihrer Seite.

Lieutnant Koſelzow rebete ſie an unb fragte, ob ſie
ihm wohl ſagen könnten, wo ſich ber geſtern verwunbete
Marzew befänbe.

„Das iſt wohl ber vom Poboljchen Regiment? Iſt
er ihr Verwanbter?" fragte bie Aeltere.

„Nein, mein Kamerab."

„Führen Sie bie Herren hin," wanbte ſie ſich an
bie jüngere Schweſter unb trat ſelbſt mit bem Felbſcher
zu einem anberen Verwunbeten.

„Komm boch! Wonach ſiehſt Du?" ſagte Koſelzow
zu Wolobja, ber mit entſeßtem, kummervollem Geſichte bie
Verwunbeten unverwanbt anſtarrte: „Komm boch!"

Wolobja folgte ſeinem Bruber, aber er mußte ſich
immer wieber umſehen unb ſeufzte halb bewußtlos: „Ach,
mein Gott, mein Gott!"

„Er iſt wohl erſt kurze Zeit hier?" fragte bie

Schwester, auf Wolodja deutend, der seufzend hinter ihnen herging.

„Soeben erst angekommen."

Die hübsche Schwester sah Wolodja an; plötzlich stürzten ihr Thränen aus den Augen.

„Ach, Gott, wann wird das ein Ende nehmen?" sprach sie mit Verzweiflung in der Stimme. — Sie kamen in das Officierszimmer.

Marzew lag auf dem Rücken da; er hatte die stark geaderten, bis zum Ellenbogen entblößten Arme um den Kopf geschlungen, dessen bleiches Gesicht einen Ausdruck hatte, als ob er die Zähne zusammenbiß, um nicht schreien zu müssen vor Schmerzen. Der mit einem Strumpf be= kleidete gesunde Fuß ragte unter der Bettdecke hervor, doch man sah, wie er krampfhaft in demselben die Zehen bewegte.

„Nun? Wie geht es Ihnen?" fragte die Schwester, indem sie mit ihrer zarten Hand seinen Kopf etwas erhob, um das Kissen darunter zurecht zu schieben: „Da sind einige von Ihren Kameraden, die Sie besuchen wollen."

„Ach, lassen Sie, das thut weh! Es ist gut so!" sprach er verdrießlich: die Zehen in seinem Strumpfe be= wegten sich lebhafter: „Guten Tag! Wer sind Sie?" wandte er sich an Koselzow, und als dieser seinen Namen nannte, fuhr er fort: „Ach, entschuldige! Man vergißt hier Alles .... Wir wohnten ja zusammen!"

Er sprach dies Alles ohne irgend welchen freudigen Ausdruck und blickte fragend auf Wolodja.

„Mein Bruder — heute aus Petersburg an= gekommen."

„Hm! Ich denke, ich habe die volle Pension verdient." Er verzog schmerzhaft das Gesicht: „Ach, wie das schmerzt! Besser, schnell zu Ende!"

Er zog das Bein an und bedeckte sein Gesicht mit den Händen.

„Man muß ihn allein lassen," flüsterte die Schwester mit Thränen in den Augen: „Es steht schlimm mit ihm." — —

Obwohl sich die Brüder auf der Nordseite vor= genommen hatten, zusammen auf die fünfte Bastion zu gehen, beschlossen sie jetzt beim Verlassen des Nikolajew'schen Forts, sich keiner unnützen Gefahr auszusetzen und Jeder nach seinem besonderen Bestimmungsorte zu gehen.

„Nur — wie wirst Du den Weg finden, Wolodja?" meinte der Aeltere: „Uebrigens, Nikolajew kann Dich nach der Hafenseite begleiten, und ich komme morgen zu Dir."

Die beiden Brüder sprachen nichts mehr mit einander; es war ihr letzter Abschied. —

IX.

Der Kanonendonner dauerte mit ungeschwächter Kraft fort. In der Katharinenstraße, in welcher Wolodja mit dem ihm schweigend folgenden Nikolajew dahinschritt, war es still und leer. In der Dunkelheit erkannte er die breite Straße nur an den hellen, theilweise eingestürzten Wänden der Gebäude und an dem steinernen Banket, auf dem er ging. Beim Schein eines irgendwo auflodernden

Feuers erkannte er auch die an der Straße angepflanzten Akazien mit grünen Stützpfählen und traurig herab= hängenden, bestäubten Blättern. Er vernahm deutlich seine eigenen Schritte und den tiefen Athem des hinter ihm hergehenden Nikolajew. Das Pfeifen und Platzen der Bomben kam näher. Nikolajew seufzte häufiger auf, ohne das Schweigen zu unterbrechen.

Sie überschritten eine Brücke, welche nach der Hafen= seite hinüberführte. Plötzlich flog nahe an ihnen Etwas pfeifend vorüber, beleuchtete einen Augenblick die in Lila schimmernden Wellen der Bucht, verschwand in denselben und sprang aufspritzend wieder aus ihnen empor.

„Nun guck! Die ist nicht krepirt!" sagte Nikolajew mit heiserer Stimme.

Ihnen begegneten Tragbahren mit Verwundeten und dann wieder Fuhren mit Schanzkörben, auch ein vorüber= marschirendes Regiment und Reiterei.

Jetzt stiegen sie längs einer hellen Mauer einen Berg empor; dann gelangte der junge Officier in eine Straße zwischen kleinen, gänzlich zertrümmerten Häusern, welche von den fliegenden und krepirenden Bomben fort= während hell erleuchtet war.

Nikolajew seufzte tief auf und fing plötzlich, wie es Wolodja schien, mit angsterfüllter Stimme zu sprechen an:

„Da haben Sie Sich nun so beeilt, aus dem Gou= vernement hierherzukommen! Wir müssen fahren! fahren! Und war's wohl der Mühe werth, sich so zu beeilen?"

„Warum nicht? Der Bruder ist doch auch noch ge=

fund," antwortete Wolobja in der Hoffnung, durch Sprechen auch sein sehr bedrücktes Herz zu erleichtern.

„Gesund? Der? Was ist denn das für eine Gesund=heit, wo er noch ganz krank ist? Und auch für den, der richtig gesund ist, wäre es doch besser, während solcher Zeit im Hospital zu bleiben. Was hat man denn hier für Freude? Entweder ein Bein oder ein Arm ist weg — das ist Alles! Wie lange ist's hin bis zur Sünde? Wenn schon garnicht auf den Bastionen —, auch hier in der Stadt ist es arg genug! Man geht hin und betet alle Gebete durch — — Guck' mal, diese Bestie! Ganz dicht bei Dir vorbei knallt sie los! Jetzt ist mir befohlen, Euer Wohl=geboren zu begleiten. Na, das ist ja so unser Dienst: Was Dir befohlen wird, mußt Du thun! Und dabei ist der Wagen nur mit einem beliebigen fremden Soldaten zurückgeblieben, und alle Bündel sind offen .... Geh! Marsch fort! Aber wenn etwas von den Sachen fortkommt, dann hat es der Nikolajew zu verantworten!"

Nach einigen weiteren Schritten gelangten sie auf einen freien Platz. Nikolajew schwieg und seufzte.

„Hier steht Ihre Batterie, Euer Wohlgeboren," sagte er plötzlich: „Fragen Sie nur die Schildwache; sie wird sie Ihnen schon zeigen."

Im nächsten Augenblick hörte Wolobja weder die Schritte, noch die Seufzer Nikolajew's mehr hinter sich. Er fragte den Posten nach der Wohnung des Kommandeurs und schlug die ihm angegebene Richtung ein. —

15*

X.

Die Wohnung des Kommandeurs befand sich in einem mäßig großen zweistöckigen Hause, in welches man über den Hof eintreten mußte. In einem der mit Papier verklebten Fenster leuchtete das schwache Licht einer Talgkerze. Der Bursche saß auf der Treppe und schmauchte. Er meldete Wolodja und führte ihn in ein Zimmer. Hier, zwischen den beiden Fenstern und unter einem zerbrochenen Spiegel stand ein mit Kronspapieren bedeckter Tisch, ferner einige Stühle, eine eiserne Bettstelle mit reiner Bettwäsche und davor lag ein kleiner Teppich.

Neben der Thür stand ein stattlicher Mann mit großem Schnurrbart, der Feldwebel; er trug einen kurzen Säbel und einen Mantel, auf welchem ein Kreuz und die ungarische Kriegsmedaille hingen.

Mitten im Zimmer schritt ein nicht sehr großer, etwa vierzig Jahre alter Stabsofficier auf und nieder; er hatte sich einen alten Mantel umgehängt und eine seiner Wangen war geschwollen und verbunden.

„Habe die Ehre, mich vorzustellen; Fähnrich Koselzow II, kommandirt zur fünften leichten Batterie."

Der Kommandeur erwiederte kühl die Verbeugung und lud Wolodja ein, sich zu setzen, ohne ihm die Hand zu reichen.

„Wo haben Sie Ihre Sachen?"

Wolodja antwortete, daß dieselben sich noch auf dem Grafenplatze befänden, daß ihm aber sein Bruder versprochen hätte, sie ihm nachzuschicken.

Ohne ihn zu Ende zu hören, wandte sich der Oberst an den Feldwebel und fragte:

„Wo könnten wir den Fähnrich unterbringen?"

„Den Fähnrich?" antwortete der Feldwebel: „Hier unten im Hause, Euer Hochwohlgeboren; vielleicht ist beim Stabskapitän noch Platz für seine Wohlgeboren," fuhr er nach kurzem Besinnen fort: „Gegenwärtig be= findet sich der Stabskapitän auf der Bastion; ist also eine Pritsche leer."

„Gut, also dort wird es Ihnen so lange gefällig sein," sprach der Kommandeur zu Wolodja: „Sie werden müde sein; morgen richten wir uns besser ein."

Wolodja erhob und verneigte sich.

„Wünschen Sie Thee, so kann ein Samowar fertig gemacht werden," sagte der Oberst noch zu ihm in der Thür.

Wolodja verbeugte sich dankend.

Der Bursche führte ihn nach unten in ein kahles, schmutziges Zimmer, in welchem allerlei Tröbel herumlag und ein eisernes Bettgestell, jedoch ohne Wäsche, stand. Auf diesem Bette schlief ein Mann in rosa Hemd, mit einem warmen Mantel zugedeckt. Wolodja hielt ihn zuerst für einen Soldaten.

„Peter Nikolajewitsch!" sagte der Bursche und schüttelte den Schlafenden an den Schultern: „Hier wird der Fähnrich schlafen! Das ist unser Junker," setzte er zu Wolodja gewendet hinzu.

„Ach, bitte! beunruhigen Sie Sich nicht," sprach

dieser entschuldigend; doch der Junker, ein hoher, kräftig gebauter, junger Mann, erhob sich vom Lager, warf sich den Mantel um und schritt, offenbar noch nicht ganz wach, zum Zimmer hinaus.

„Thut nichts! Ich lege mich auf den Hof!" murmelte er.

Als Wolodja allein war, löschte er das Licht, legte sich auf's Bett und bedeckte sich mit seinem Mantel. Plötzlich kam ihm der Gedanke: wie, wenn eine Bombe hier hereinschlagen und ihn tödten würde? Er lauschte.

„Oder wenn plötzlich, noch in dieser Nacht, Sebastopol erstürmt und hier die Franzosen eindringen würden? Womit werde ich mich vertheidigen? . . . Ach! Ich bin ein Feigling, ein elender Feigling!"

Aber wieder traten die Verwundeten, das Blut, die Bomben und in's Zimmer fliegenden Splitter vor seine Augen, dann wieder die hübsche, barmherzige Schwester, wie sie ihn, den Sterbenden, verbindet und über ihn weint, bald seine Mutter, die ihm bis zur Kreisstadt das Geleite gegeben und hier mit heißen Thränen im Gebet dem wunderthätigen Gottesbilde empfohlen, und plötzlich wieder kam ihm lebendig der Gedanke an Gott, den All= mächtigen, der Alles lenken und jedes Gebet erfüllen kann. Er kniete nieder, bekreuzte sich und betete:

„Wenn es nöthig ist, daß ich sterbe, so thue das, mein Gott, doch thue es bald; wenn mir aber Muth und Festigkeit noth sind, die ich nicht besitze, so verleihe sie mir, demüthige mich nicht durch Schimpf und Schande,

die ich nicht würde ertragen können; lehre mich, was ich
thun soll, um Deinen Willen zu erfüllen!"

Seine junge, geängstigte Seele gewann Muth und
Stärkung und er schlief jetzt bald ruhig und sorglos ein
unter dem fortwährenden Donner des Bombardements
und dem Klirren der Fensterscheiben. — —

O Gott! nur Du allein hast gehört und gezählt die
einfachen, aber heißen und verzweiflungsvoll flehenden
Gebete der Unwissenden und der dumpf und unklar
Bereuenden, die Bitten der um Heilung ihrer wunden
Körper und um das Heil ihrer Seelen Flehenden, die
von diesem schrecklichen Orte des Todes und Verderbens
emporstiegen zu Dir, aus dem Herzen des Generals, wie
des letzten auf dem nackten Erdboden der Nikolajew'schen
Kasematten liegenden Soldaten, die Alle Dich anflehten
um den Lohn für alle ihre Leiden . . . . !

XI.

Koselzow, der ältere, der auf der Straße einem
Soldaten seines Regiments begegnet war, begab sich mit
diesem gradeswegs nach der fünften Bastion.

„Halten Sie Sich hier an der Mauer, Euer Wohlgeboren," sagte der Soldat zu ihm.

„Weshalb denn?"

„Dort ist's gefährlich, Euer Wohlgeboren. Sie fliegt
schon drüber weg."

Ohne des Soldaten Warnung zu beachten, ging
Koselzow ruhig inmitten der Straße weiter. Es waren

dies dieselben Gassen, dieselben Leute, dieselben Schanzen, Verhaue und Laufgräben, die er hier im Frühjahre kennen gelernt hatte; aber sie erschienen ihm jetzt öder und trauriger, wie damals; die Häuser waren durch= löchert, in keinem der Fenster brannte mehr Licht, außer in denen des Hospitals und nirgends begegnete er mehr einem Weibe.

Dort ist auch schon die letzte Tranchee; er hört die Stimme eines Soldaten vom Podol'schen Regiment, der in ihm seinen ehemaligen Kompagnieführer wiedererkannt hat; dort im Dunkeln, an die Wand gedrückt, steht das dritte Bataillon, von Zeit zu Zeit auf Augenblicke von den Blitzen der Schüsse beleuchtet und seine Nähe nur durch ein leises Stimmengemurmel und das Klirren der Waffen verrathend.

„Wo ist der Regimentskommandeur?" erkundigte sich Koselzow.

„Drinnen in der Kasematte, Euer Wohlgeboren," erwidert der diensteifrige Soldat: „Erlauben Sie, ich begleite Sie."

Sie gehen von einem Laufgraben in den anderen; dort sitzt ein Matrose und raucht sein Pfeifchen; hinter ihm ist eine Thür sichtbar, durch deren Spalten Licht hervorschimmerte.

„Kann man eintreten?"

„Ich werde Sie melden."

Der Matrose trat in die Thür.

Koselzow war noch nie in dieser Kasematte gewesen.

Sie fiel ihm auf durch eine gewisse Eleganz. Der Fuß=
boden war mit Fliesen ausgelegt und eine spanische
Wand verdeckte die Thür. Zwei Betten standen an der
Wand; in einer Ecke ein großes Muttergottesbild in
goldener Bekleidung, davor brannte eine Lampe in
rosa Glas.

Auf dem einen Bette schlief in vollständigem Anzuge
ein Marineofficier, auf dem anderen saßen Zwei, die sich
unterhielten; es waren der neue Regimentskommandeur
und sein Adjutant. Vor ihnen stand ein Tisch.

„Sie waren lange fort," redete der Oberst
Koselzow an.

„Ich war krank, Oberst. Noch jetzt ist die Wunde
nicht ganz verharrscht."

„Dann hätten Sie noch nicht kommen sollen . . .
Uebrigens, können Sie denn schon Ihren Dienst versehen?"

„Gewiß kann ich das."

„Nun, freue mich sehr. Also Sie übernehmen vom
Fähnrich Saizow wieder Ihre alte Kompagnie, die neunte.
Sie werden auch bald Ihre Ordre erhalten."

„Zu Befehl!" —

XII.

Als Koselzow den Blindage verließ, wünschte er,
ehe er sich zu den Officieren begab, seine Kompagnie
zu begrüßen und den Platz zu besichtigen, wo sie sich
befand.

Die Brustwehren und Schanzkörbe, die Windungen

der Laufgräben, die Geschütze, an denen er vorüberkam, sogar die Kugeln und Bombensplitter, über denen er auf dem Wege stolperte, alles, immerwährend von dem Aufleuchten des Geschützfeuers erhellt, war ihm längst bekannt geworden während der zwei Wochen, welche er vor drei Monaten auf dieser Bastion, ohne sie einmal zu verlassen, zugebracht hatte. Obwohl auch viel Schreck= liches in dieser Erinnerung lag, ging er ihr doch mit einem gewissen Vergnügen nach, als ob jene zwei Wochen voller Annehmlichkeiten gewesen wären, und er begrüßte alle ihm begegnenden Orte und Gegenstände wie alte Bekannte. Er fand seine Kompagnie neben der Außen= mauer der sechsten Bastion.

Koselzow trat hier in eine nach Innen zu offene Kasematte. In derselben konnte man thatsächlich keinen Fuß auf die Erde setzen, so war sie ganz mit Soldaten angefüllt. In einer Ecke flackerte ein schief herab= gebranntes Talglicht, welches liegend ein Soldat hielt, um ein Buch zu beleuchten, aus welchem buchstabirend ein anderer vorlas. In dem dämmerigen Umkreise erblickte man einige andächtig zuhörende Gesichter. Das Buch war eine Kinderfibel.

Bei seinem Eintritt vernahm Koselzow noch Folgendes:

„Ge — — bet — — nach — — dem — — Un — ter — richt. Ich — danke — Dir, mein — Hei — land ..... Putzt doch das Licht!" sagte dieselbe Stimme.

„Ein schönes Buch!"

„Mein — — Gott," fuhr der Vorleser fort, schwieg aber sofort bei Koselzow's Stimme, der nach dem Feld=webel fragte. In die Soldaten kam Bewegung, sie räusperten und schnäuzten sich; der Feldwebel erhob sich von der Seite des Vorlesers, knöpfte seinen Rock zu und trat über die Beine derjenigen, die sie nicht wegziehen konnten, hinweg zu dem Officier.

„Grüß Gott, Bruder! Ist das unsre ganze Kompagnie?"

„Grüß Gott! Gratulire zu Euer Wohlgeboren Rück=kehr," antwortete freudig der Feldwebel und sah dabei Koselzow vertraulich an: „Wie geht's Euer Wohlgeboren? Nun, Gott sei Dank, wir haben uns schon ordentlich nach Ihnen gesehnt."

Es zeigte sich jetzt, daß Koselzow bei seiner Kom=pagnie sehr beliebt war. Aus der Tiefe des Blindage vernahm man eine Stimme:

„Unser alter Kompagniechef; er war verwundet. Michaïl Semenitsch ist wieder da."

Einige Soldaten drängten sich sogar näher heran, voran der Tambour.

„Guten Tag, Obentschuk!" redete Koselzow ihn an: „Noch immer gesund? Grüß Gott, Kinder!" setzte er mit laut erhobener Stimme hinzu.

„Grüß Gott!" dröhnte es aus dem Blindage zurück.

„Wie geht's Euch, Kinder?"

„Schlimm, Euer Wohlgeboren; der Franzos wächst uns über den Kopf; er weiß uns auch hinter den

Schanzen zu treffen, aber in's Feld geht er nicht, und damit basta!"

„Vielleicht, wenn Gott will, locken wir sie doch noch einmal auf's Feld heraus, Kinder; und dann prügeln wir sie wieder; das wäre ja nicht das erste Mal."

„An uns soll's' nicht fehlen, Euer Wohlgeboren!" antworteten einige Stimmen.

„Hat er wirklich soviel Courage?" fragte einer von den neu eingetretenen Soldaten.

„Sehr viel," antwortete halblaut der Tambour: „Er ist kein Prahler." —

Von seiner Kompagnie begab sich Koselzow in die Kasematte zu seinen Kameraden, den Officieren.

„Ah, Koselzow, Koselzow! Gut, daß Du wieder da bist! Lieber Kerl! Was macht Deine Wunde?" scholl es ihm von allen Seiten entgegen.

Es war offenbar, daß man ihn auch hier gern hatte und sich über seine Wiederkehr freute. —

XIII.

Das Bombardement dauerte am folgenden Tage mit ungeschwächter Kraft fort.

Gegen elf Uhr saß Wolodja Koselzow im Kreise der Officiere seiner Batterie; er hatte sich schon ziemlich in seine neue Umgebung gefunden; er suchte sich aus den Gesichtern ein Urtheil über die Einzelnen zu bilden, er beobachtete aufmerksam, fragte viel und erzählte selbst.

Das niemals prahlerische Gespräch der Artillerie-

Officiere gefiel ihm sehr und flößte ihm eine große Achtung
für dieselben ein. Aber auch sein zurückhaltendes, un=
schuldiges Wesen und sein hübsches Gesicht gewann ihm
Aller Herzen. Der Kapitän, der älteste der Officiere
dieser Batterie, forschte ihn über seine artilleristischen
Kenntnisse aus; der Lieutenant Dschadenko, ein Kleinrusse
in einem zerrissenen Mantel und mit struppigen Haaren,
nahm sich seiner sehr liebenswürdig an zur praktischen
Instruktion und bewies ihm, daß alle Geschütze in Sebastopol durchaus nicht den Ansprüchen moderner Technik
genügten. Der Junker Wlang, den er gestern Abend
seines Lagers beraubt hatte, war ebenfalls zugegen. Der=
selbe sprach fast nie, sondern saß bescheiden in einem Winkel
und lachte, wenn von etwas Drolligem die Rede war,
oder er erinnerte an Etwas, das man vergessen hatte;
er reichte allen Officieren den Schnaps zu und drehte
für Alle Cigaretten fertig. Ob nun das höfliche Wesen
Wolodja's, der mit ihm ebenso wie mit den übrigen
Officieren verkehrte, oder sein hübsches Aeußere Wlang
bezaubert hatten, genug, seine großen, gutmüthigen Augen
hingen unausgesetzt an dem Gesichte des neuen Ankömmlings,
und er kam allen Wünschen desselben zuvor, als ob er
sie errieth.

Kurz vor Mittag gesellte sich der, auf der Bastion
abgelöste Stabskapitän Kraut zu der kleinen Gesellschaft.

„Ah," sagte der Aelteste unter diesen, als Kraut
sporenklirrend und soldatisch fest in's Zimmer trat: „Da
kommt unser Held!

Kraut verbeugte sich vor dem sich erhebenden Wolodja:
„Sehr angenehm, Ihre Bekanntschaft zu machen!
Kapitän Kraut! Bitte, uns lieb und gern zu haben!
Schon auf der Bastion hat mir der Feuerwerker erzählt,
daß Sie gestern angekommen seien."

„Und ich danke Ihnen für Ihr Bett; ich habe auf
demselben übernachtet. Uebrigens, finden Sie es sehr
bequem?"

„Na, das eine Bein ist abgebrochen, und jetzt hat
Niemand Zeit, es wieder anzuflicken — Man muß etwas
unterstellen."

„Nun? Wie ist Ihr Tag abgelaufen?" fragte
Dschadenko.

„Es geht. Nur Skworzow hat etwas abbekommen,
und eine erst gestern neu eingestellte Lafette ist zersplittert."

Er erhob sich und ging auf und nieder; man sah,
er gab sich ganz dem angenehmen Gefühl eines Menschen
hin, der heil und gesund eine große Gefahr überstanden hat.

„Wlang, stopfen Sie mir doch ein Pfeifchen,"
wendete er sich an den Junker, der auch bereitwillig fort-
eilte, um ihm seine Pfeife zu holen.

Kraut hatte Alle belebt. Er erzählte vom Bombardement, fragte, was während seiner Abwesenheit hier
geschehen sei und unterhielt sich mit Jedem, bis der Bursche
des Obersten die Officiere zum Mittagessen rief. —

XIV.

Im Zimmer des Obersten, wo sich gestern Wolodja
demselben vorgestellt hatte, war der Tisch von der Wand

abgeschoben worden und mit einem schon häufig benutzten Tischtuche bedeckt. Der Kommandeur reichte ihm heute die Hand und erkundigte sich bei ihm nach Petersburg und seiner Reise.

„Nun, meine Herren, wer ein Schnäpschen trinken will, bitte, hier! Die Fähnriche trinken natürlich nicht," fügte der Oberst lächelnd hinzu.

Er schien heute lange nicht so gestrenge wie gestern; im Gegentheil sah er heute nur wie ein guter, gastfreund= licher Hausvater und als ein älterer Kamerad der jüngeren Officiere aus. Aber trotzdem hörten diese nicht auf, ihm den größten Respect zu erweisen.

Das Mittagessen, bestehend aus einer großen Schüssel Schtschi (Kohlsuppe), in der fette Fleischstücke und eine Menge Lorbeerblätter und Pfeffer schwammen; aus Cote= lettes mit Senf und kleinen Pasteten, dazu nicht ganz frische Butter.

Servietten waren nicht vorhanden, die Löffeln waren aus Holz und Blech, an Gläsern gab es nur zwei, und auf dem Tische stand eine Wasserflasche mit zerbrochenem Halse.

Trotzdem war das Diner nicht langweilig. Die Unterhaltung stockte keinen Augenblick. Plötzlich, während des Essens krepirte in nächster Nähe des Hauses eine Bombe.

XV.

Der Fußboden und die Wände zitterten, wie bei einem Erdbeben und die Fenster wurden vom Staub und Pulverdampf verdunkelt.

„So etwas haben Sie in Petersburg noch nicht gekannt; wir haben uns hier an solche Ueberraschungen schon gewöhnt," meinte der Kommandeur zu Wolodja: „Sehen Sie doch einmal nach, Wlang, wo sie niedergefallen ist."

Wlang sah aus dem Fenster und meldete: „Unten auf dem Platze!" und das Gespräch wendete sich jetzt wieder anderen Gegenständen zu. —

Kurz vor Schluß des Diners trat ein ältlicher Mann, der Bataillonsschreiber, ins Zimmer und überreichte dem Kommandeur drei versiegelte Couverts.

„Dieses scheint das Wichtigste zu sein; ein Kosak hat es soeben vom Oberkommandirenden der Artillerie gebracht!"

Alle Officiere blickten erwartungsvoll auf den Kommandeur. Was mochte dieser Brief enthalten? Den Befehl zum allgemeinen Rückzuge aus Sebastopol, oder den Befehl, noch mehr Batterien auf die Bastionen hinauszuschicken?

„Wieder!" brummte der Kommandeur und warf verdrießlich den Brief auf den Tisch: „Es ist noch ein Officier mit Bedienungsmannschaft bei einer der Mörserbatterien nöthig. Ich selbst habe nur noch vier Officiere und auf der Frontseite nicht einmal eine vollzählige Bedienung, und man fordert von mir noch mehr. Aber das hilft nichts," fuhr er nach kurzem Schweigen fort; „Einer von Ihnen, meine Herren muß hinaus — Es ist befohlen um fieben Uhr. . . . Schick' mir den Feldwebel! Nun, meine Herren? Wer von Ihnen geht? Entscheiden Sie felbst," fügte er hinzu.

„Da hier! Sie waren ja noch niemals draußen!" fagte Jemand und zeigte auf Wolodja.

Der Kommandeur schwieg.

„Ja, das wäre auch mein Wunsch," antwortete Wolodja, fühlte aber zugleich, wie ihm ein kalter Schweiß auf dem Rücken hervorbrach.

„Nein, weshalb das?" unterbrach ihn der Kapitän Kraut: „Gewiß wird Niemand sich weigern, aber sich vor= drängen ist auch nicht nöthig; und wenn Apollon Sergejitsch es uns überläßt, so wollen wir das Loos entscheiden laffen, wie wir es schon fonst gethan haben."

Alle waren einverstanden.

Kraut schnitt einige Papierstreifen, rollte fie zusammen und warf fie in feine Mütze. Der Kapitän machte während= dem einige scherzhafte Bemerkungen und erbat fich von dem Oberften ein Gläschen Wein, „um feinen Muth zu ftärken," wie er fagte.

Dschadenko faß finster da, Wolodja lächelte, Kraut war völlig ruhig.

Er ließ Wolodja zuerst ziehen. Dieser nahm ein Papier und entfaltete es; es enthielt das Wort: „Gehen!"

„Ich bin's," fagte er beklommen.

„Nun denn, mit Gott! Da werden Sie fofort ein= geweiht," sprach der Kommandeur und betrachtete mit einem gutmüthigen Lächeln das verlegene Gesicht des

16

Fähnrichs: „Sie müssen sich aber gleich fertig machen. Aber damit Sie etwas Gesellschaft haben, soll Wlang mit Ihnen gehen." —

XVI.

Wlang war mit dieser Bestimmung sehr zufrieden und eilte sofort hinaus, um sich fertig zu machen. Er gebrauchte nicht viel Zeit dazu und stellte sich alsbald zu Wolodja's Verfügung.

Dieser bemerkte zu seiner eigenen Ueberraschung und Freude, daß, obwohl ihn noch immer die Furcht, er scheue die Gefahr und könnte als Feigling erscheinen, beunruhigte, dies Gefühl ihn doch lange nicht mehr so stark beherrschte wie gestern.

Um sieben Uhr, gerade als die Sonne hinter den Wällen des Nikolajew'schen Forts versank, trat der Feld= webel bei ihm ein und meldete, daß die Mannschaften fertig seien und ihn erwarteten.

„Wlang hat die Liste; wollen sich Euer Wohlgeboren dieselbe von dem geben lassen."

Zwanzig Mann Artilleriesoldaten, nur mit kurzem Seitengewehr bewaffnet, standen an der Seite des Hauses. Wolodja trat in Begleitung des Junkers vor sie und rief ihnen dreist mit seiner jugendlichen Stimme zu:

„Grüß Gott, Kinder!"

Die Soldaten antworteten fröhlich angeregt; die frische, wohllautende Stimme klang angenehm in ihren Ohren wieder.

Wolodja marschirte kühn vor ihnen dahin; obwohl

sein Herz so heftig schlug, als wäre er einige Werst weit
aus Leibeskräften gelaufen, war sein Schritt doch leicht
und sein Gesicht fröhlich.

Als sie sich dem Malakow-Kurgan — so hieß das
aus den Sebastopoler Befestigungen am stärksten hervor-
springende Werk — näherten, bemerkte Wolodja, daß Wlang,
der sonst keinen Schritt von ihm wich und ihm bisher so
tapfer erschienen war, jeden Augenblick zur Seite trat
und sich duckte, als ob er den hier fortwährend über ihre
Köpfe dahinsausenden Kugeln ausweichen wollte; auch
Einige von den Soldaten machten es ebenso, und auf
fast allen Gesichtern machte sich eine gewisse Unruhe bemerkbar. Diese Beobachtung gab Wolodja sein ganzes
Selbstvertrauen wieder.

„Also jetzt bin ich auf dem Malakow-Kurgan, von
dem ich mir eine tausendmal schlimmere Vorstellung gemacht habe, und ich gehe dahin, ohne mich vor den Kugeln
zu bücken und fürchte mich weniger als viele Andere! Ich
bin also kein Feigling.“

In der Dämmerung des Abends bemerkte er hinter
der Kornilow'schen Batterie, wo er den Kommandeur der
Bastion aufsuchte, wie hinter der Verschanzung vier
Matrosen eine bei den Händen und Füßen von ihnen gepackte,
blutige Leiche hin und her schwenkten, um sie nach draußen
über die Brustwehr hinauszuwerfen. An diesem zweiten Tage
des Bombardements war es nicht mehr möglich, die
Leichen aller Gefallenen zur Beerdigung fortzubringen;
um deshalb in den Batterien Raum zu schaffen, wurden

sie einfach über den Wall in den Graben geworfen. Wolodja war im ersten Augenblick bei diesem An= blick ganz bestürzt; doch gleich darauf begegnete er seinem Kommandeur, erhielt seine Befehle und einen Führer zu der Batterie und Kasematte, für welche er und seine Mannschaft bestimmt waren. Hier fand er zwei Bomben= mörser vor, von denen der eine durch eine Kugel an der Seite eingedrückt war, während der andere nur noch auf den Splittern seines Gestelles lag; bis gegen Morgen waren keine Arbeiter aufzutreiben, welche die Gestellunter= lage wieder herstellen konnten. Während dieser Arbeit wurden zwei Mann von seiner Bedienungsmannschaft ver= wundet, während er selbst im Laufe dieses Abends wohl an zwanzig Mal nur auf Haarbreite vom Tode entfernt blieb.

Zum Glück erhielt er bald die Unterstützung eines Marineofficiers von gewaltigem Körperwuchs, der sich vom Anfang der Belagerung her bei dieser Mörserbatterie befunden hatte und ihn bald überzeugte, daß es doch noch möglich war, aus derselben zu feuern. Derselbe führte ihn nachts mit einer Laterne auf der ganzen Bastion umher, als ob es sein Gemüsegarten gewesen wäre, und versprach ihm, morgen Alles in Ordnung zu bringen.

Der Blindage, in welchen ihn zuletzt sein Führer begleitet hatte, war eine, in den steinigen Lehmboden gegrabene, etwa sechs Meter lange, mit starken Eichen= balken verdeckte Grube. In dieser suchte er mit seinen sämmtlichen Soldaten ein Unterkommen.

Kaum hatte Wlang den engen, in diesen Raum

führenden Eingang erkannt, als er sich Allen voran in denselben stürzte und sich in die letzte Ecke verkroch, als ob er sie nie wieder verlassen wollte. Nachdem sich alle Soldaten der Reihe nach längs der Wand niedergelegt, richtete sich auch Wolodja in einer Ecke ein Lager ein, zündete ein Licht und eine Cigarette an und legte sich auf die Pritsche.

Der Laut der fortwährend erschallenden Schüsse war hier ziemlich geschwächt, außer denen von einer unmittelbar neben dem Blindage stehenden Kanone; diese erschütterte dann und wann seinen ganzen Bau mit ihrem Donner.

Drinnen war es im Uebrigen still. Die Soldaten genirten sich anfangs noch vor ihrem neuen Vorgesetzten und warfen sich dann und wann nur ein Wort zu oder die Bitte, etwas mehr auseinander zu rücken, oder um Feuer, um ihre Pfeifen anzuzünden. Wlang war noch nicht ganz wieder zur Besinnung gekommen; er blickte wild um sich und seufzte zuweilen laut auf. —

XVII.

Nach kurzer Weile fühlten sich die Soldaten schon freier und wurden gesprächiger. Zwei Unterofficiere rückten näher an's Licht und die Bettstelle ihres Vorgesetzten heran; der Eine von ihnen war ein alter, mit allen Medaillen und Kreuzen, nur noch nicht mit dem Georgs-kreuz dekorirter Graubart; der Andere war ein junger Kantonist (Soldatensohn) und rauchte selbstgedrehte Cigarretten. Der Tambour hatte es auf sich genommen, seinen jungen Officier zu bedienen; dann folgten die Bombardiere und berittenen Artilleristen und ganz zuletzt, nahe vor dem Eingange und im stärksten Dunkel lagerten die übrigen Gemeinen.

Unter den Letzteren begann zuerst die Unterhaltung. Anlaß dazu gab ein hastig in den Blindage herein= polternder Mann.

„Na, Bruder? Warum bleibst Du nicht vor der Thür sitzen? Singen Dir die Dirnen da nicht lustig genug?" fragte eine Stimme.

„Ach, sie singen so schön, wie ich sie daheim im Dorfe nicht gehört habe," antwortete lachend der Ein= tretende.

„Aber der Wassja liebt die Bomben nicht! Ach, er liebt sie gar nicht," sagte ein anderer Soldat.

„Ja, was! wenn's schon sein muß, dann ist es ganz was Anderes," erwiderte gedehnt Wassja; wenn dieser sprach, schwiegen stets die Uebrigen: „Doch so um nichts und wieder nichts — — na, schießt er Einen todt, dann sagen die Vorgesetzten Einem auch nicht, hab' Dank dafür."

Bei diesen Worten Wassja's lachten Alle.

„Sitzt der Melnikow noch immer da draußen?" fragte eine andere Stimme.

„Ruft ihn doch mal 'rein, den Melnikow," mischte sich der Feuerwerker in das Gespräch: „sonst schießt man ihn wahrhaftig auch noch um nichts und wieder nichts todt."

„Was ist das für ein Melnikow?" fragte Wolodja.

„Einer von den Unsern, Euer Wohlgeboren, ein Dummkopf. Er fürchtet sich nicht vor dem Teufel und geht jetzt immer da draußen umher. Sehen Sie ihn gefälligst selbst an; da, ganz wie ein Bär."

Melnikow trat unter die Thür. Er war — unter Soldaten eine Seltenheit — ein wohlbeleibter Mann mit rothen Haaren und rothen Backen, mit einem mächtigen Schädel und etwas hervorstehenden wasserblauen Augen.

„Fürchtest Du Dich nicht vor den Bomben?" fragte ihn Wolodja.

„Warum sollt' ich sie fürchten?" antwortete Melnikow und kraute sich dabei den Kopf: „Mich trifft doch keine, das weiß ich."

„Also das Leben hier gefällt Dir?"

„Freilich gefällt's mir. Hier ist es lustig!" erwiderte er hell auflachend.

„Dann muß man Dich zum Ausfall mitnehmen. Willst Du, daß ich es dem General sage?"

„Ja, das möchte ich, das will ich!"

Und Melnikow legte sich hinter den Anderen nieder.

„Wollen wir um Nasenstüber spielen, Jungens? Wer hat Karten?" hörte man bald wieder seine lebhafte Stimme.

Wirklich kam bald ein Spielchen hinten in der Ecke zu Stande; man vernahm Kartenschlagen, Lachen und Knipsen gegen die Nasen.

Nachdem Wolodja aus einem, vom Trommler in's

Sieden gebrachten Samowar Thee getrunken, bot er auch davon dem Feuerwerker an, der mit den Uebrigen scherzte und lachte. Die Soldaten, die bemerkten, daß ihr Vorgesetzter gutmüthig war, wurden immer gesprächiger.

Das Alles unterhielt Wolodja. Der Erdgeruch und die dumpfe Luft in dem Blindage verursachten ihm nicht nur kein ungemüthliches Gefühl der Beklommenheit, sondern das Leben in demselben erschien ihm sogar ganz lustig und angenehm.

Viele von den Soldaten schnarchten schon laut. Wlang hatte sich der Länge nach auf dem Fußboden ausgestreckt, und auch der alte Feuerwerker breitete schon seinen Mantel auf der Erde aus, bekreuzte sich und murmelte ein Gebet, ehe er sich zum Schlafe niederlegte, als plötzlich Wolodja die Lust anwandelte, aus dem Blindage hinauszutreten und sich anzusehen, was draußen vorging.

Wlang, der nur scheinbar schlief, erhob plötzlich seinen Kopf und hielt Wolodja am Saum seines Mantels fest.

„Laſſen Sie das doch! Gehen Sie nicht! Was soll das?" klang seine warnende Stimme faſt weinerlich: „Sie kennen das noch nicht; da fallen jeden Augenblick die Bomben! Hier ist es beſſer . . . ."

Doch trotz Wlang's Bitten kroch Wolodja, während die Soldaten ihre Beine einzogen, zum Blindage hinaus und setzte sich in der Nähe Melnikow's auf die Schwelle.

Hier war die Luft rein und frisch; die Nacht war klar und ruhig. Zwischen dem Laut der Schüsse hindurch vernahm man deutlich das Rollen der Wagen, die Schanzkörbe heranfuhren, und das Gespräch einiger Leute, die über dem Pulvermagazin arbeiteten.

Hoch über ihm stand der hehre Sternenhimmel, über den die glühenden Streifen der Geschosse zogen, neben sich blickte er in die enge Oeffnung des Blindage, in welchem er die Beine und Rücken seiner Bewohner wahr=nahm und ihre Stimmen hörte; vor sich sah er einen Erdhügel; in demselben befand sich das Pulvermagazin; einige Leute huschten in gebückter Stellung vorüber, und oben auf dem Hügel, von Kugeln und Bomben fort=während umsaust, gewahrte er eine hohe Gestalt in dunklem Mantel, die Hände in den Taschen, welche mit den Füßen unter sich die Erde feststampfte. Einige Soldaten, welche ebendaselbst Erde hinzutrugen, bückten sich jeden Augenblick und sprangen auf die Seite; nur die schwarze Gestalt blieb immer auf derselben Stelle und zer=trat unter sich die Erdschollen.

„Wer ist der Schwarze da?" fragte Wolodja den Soldaten Melnikow.

„Ich werde es gleich erfahren. Ich will mal hingehen."

„Bleib' hier. Das ist nicht nöthig."

Aber Melnikow näherte sich bereits der dunklen Gestalt, stand eine Zeitlang ebenso gleichgültig und un=beweglich neben ihr und kehrte nach einer Weile zurück.

„Es ist der Inspector des Pulvermagazins, Euer Wohlgeboren; der Keller dort ist von den Kugeln durch=

geſchlagen; deßhalb ſchleppen ſie jetzt da die Erde hinauf." —

Zuweilen ſchienen die Bomben geradeswegs auf den Eingang des Blindage zuzufliegen; dann drückte ſich Wolodja etwas in den Winkel und guckte wieder hervor, wohin ſie geflogen ſein möchten.

So blieb er drei Stunden auf der Schwelle ſitzen, trotz Wlang's Bitten, doch in's Innere zurückzukehren; er fand ein beſonderes Vergnügen darin, das Schickſal zu verſuchen und den Flug der Kugeln zu beobachten. Nach Ablauf dieſer Zeit wußte er ſchon, wo die Geſchütze ſtanden, wie viele ihrer waren und wohin die einzelnen von ihnen ihre Schüſſe richteten. —

XVIII.

Am nächſten Tage — es war der 27. Auguſt — trat Wolodja nach einem zehn Stunden langen Schlafe friſch und munter auf die Schwelle ſeines Blindage. Auch Wlang wollte zuerſt mit hinauskriechen, doch beim erſten Kugelpfeifen ſtürzte er ſich blindlings, unter dem allgemeinen Gelächter der ebenfalls in die friſche Luft hinausſteigenden Soldaten in den Blindage zurück. Wlang allein und der alte Feuerwerker zogen es vor, nicht in den Laufgraben hinauszutreten; alle Uebrigen drängten ſich in die friſche Morgenluft hinaus aus der dumpfigen Höhle und ſtellten ſich theils vor dem Eingange, theils hinter der Bruſtwehr auf. Melnikow promenirte bereits seit Morgengrauen in den Batterien umher und blickte gleichgültig in die Luft.

Vor der Schwelle saß neben zwei alten Soldaten ein junger krausköpfiger Jude, welcher aus der Infanterie Wolodja's Batterie zukommandirt war. Dieser jüdische Soldat hob einige der herumliegenden Kugeln auf, schlug sie mit einem Stein breit und schnitt aus ihnen mit seinem Taschenmesser Sankt=Georgskreuze; die andern beiden sahen seiner Thätigkeit aufmerksam zu. Ein Kreuz gelang ihm in der That auch sehr gut.

„Wenn nun bald der Friede geschlossen wird, bin ich neugierig, ob wir Alle den Abschied bekommen werden," sagte einer der beiden Alten.

„Wie denn? Mir blieben bis zum Abschied nur noch vier Jahre; und davon habe ich nun schon fünf Monate in Sebastopol gestanden."

„Wird noch nicht genügen zum Abschied," mischte sich ein Dritter in's Gespräch.

In diesem Augenblick pfiff über ihre Köpfe eine Kugel hin und schlug kaum einen Meter weit von Melnikow, der gerade in den Laufgraben trat in die Schanze.

„Hätte ihn beinah' getroffen," sagte einer der Sprechenden.

„Wird nicht treffen," antwortete Melnikow.

„Das hast Du für Deine Tapferkeit," sprach der junge Jude und überreichte Melnikow das eben voll= endete Kreuz.

„Nein, Bruder, ein Monat hier zählt als volles Dienstjahr,“ ging das Gespräch unter den Anderen fort: „Darüber ist ein Gesetz gegeben worden.“

„Ach, was Du Dir denkst! Wenn Friede geschlossen wird, wird der Kaiser gewiß erst eine Revue in Warschau abhalten, und dann wird man uns wohl beurlauben, aber ohne Abschied.“

Wieder flog winselnd eine Kugel über ihre Köpfe und schlug gegen einen Stein.

„Paß nur auf, bis zum Abend hast Du noch Deinen vollen Abschied,“ sagte lachend eine Stimme.

Auch die Uebrigen lachten. —

Und es dauerte nicht einmal bis zum Abend; bereits nach zwei Stunden hatten zwei den vollen Abschied erhalten und fünf waren verwundet, doch die Uebrigen scherzten fort wie vorher. —

Endlich waren zwei Mörser soweit in Ordnung gebracht, daß man aus ihnen feuern konnte. Um zehn Uhr erhielt Wolodja seinen Befehl vom Kommandeur, sammelte seine Mannschaft und trat mit ihr den Dienst bei seiner Batterie an.

In den Leuten war auch keine Spur von Angst mehr, welche sich gestern noch bei ihnen gezeigt hatte. Nur Wlang hatte sich noch nicht ganz in Gewalt, er bückte und versteckte sich noch immer, und Wassja hatte etwas von seinem Phlegma eingebüßt; er zeigte sich sehr geschäftig und bückte sich auch bei jeder Gelegenheit.

Wolodja dagegen war ganz wie verzückt; an Gefahr

dachte er gar nicht. Seine Freude darüber, daß er kein Feigling war und daß er über zwanzig Mann befehligte, die mit Neugier und Bewunderung ihn betrachteten, hatte ihn zu einem „Hauptkerl" gemacht. Er zeigte sich sogar tollkühn, stieg auf das Banket hinaus und knöpfte herausfordernd seinen Mantel auf. Selbst der Kommandeur der Bastion, der zur Inspektion erschien und im Verlauf der Monate gar verschiedene Beispiele von Tapferkeit zu bemerken Gelegenheit gefunden hatte, betrachtete mit theilnehmender Bewunderung diesen hübschen Knaben, wie er in offenem Mantel, unter dem ein den zarten, weißen Hals umspannendes rothes Hemd hervorleuchtete, mit klangvoller Stimme kommandirte: „Erstes Geschütz! Zweites Geschütz!" wie er fröhlich auf die Brustwehr hinaufsprang, um zu sehen, wohin seine Bomben fielen.

Gegen halb zwölf Uhr hörte das Schießen auf beiden Seiten plötzlich auf, und mit dem Schlage zwölf begann der Sturmangriff auf den Malakow-Kurgan, auf die zweite, dritte und fünfte Bastion. —

XIX.

Jenseits der Bucht auf einem Hügel am Fuß eines Telegrafen standen gegen Mittag zwei Officiere; der Eine, von der Marine, blickte durch ein Fernrohr nach Sebastopol, der andere, ein Husar, hielt zu Pferd mit einem Kosaken neben der hohen Stange.

Die Sonne stand hell und hoch über der Bucht und

ihr heißer Glanz umspielte die sich auf der Fläche bewegenden Fahrzeuge. Ein schwacher Lufthauch bewegte kaum das verdorrte Laub des den Telegrafen umgebenden Eichengebüsches, blähte kaum die Segel der Boote und trieb kleine Wellen über das Meer.

Von der anderen Seite der Bucht herüber schimmerte Sebastopol, jenes Sebastopol mit der unvollendeten Kirche, mit den Kolonnaden auf dem Quai, mit dem vom Berge grün herabwinkenden Boulevard, mit seinen kleinen azurblauen Buchten voller Masten und Wimpeln, mit den Wolken Rauches, hin und wieder roth beleuchtet vom Aufblitzen der Geschütze, das noch immer schöne, stolze Sebastopol zwischen den hellen, rauchenden Bergen und dem blauen unter der Sonne aufflammenden Meere.

Plötzlich zeigte sich auf der ganzen Linie der Befestigungen, besonders nach der linken Seite zu, gegen die Berge, ein sonderbares Gebahren; überall zuckten plötzliche, sich schnell wiederholende Blitze auf, sogar in der Helle des Mittags erkennbar; Knäuel dichten, weißen, zusammengeballten Rauches erhoben sich, wuchsen und verbreiteten sich verdunkelnd über den Himmel. Ebensolche Rauchwolken erhoben sich hie und da aus den Bergen, sowohl von den feindlichen Batterien und von den Bastionen. Kanonenschläge und Explosionen hörten nicht auf und erschütterten, mit einander verschmelzend, die Luft.

„Was ist das? Die zweite Bastion antwortet gar nicht mehr," rief der Husar; „Scheint völlig zerschossen zu sein — Schrecklich!"

„Und auch der Malakow antwortet auf drei Schüsse kaum noch mit einem," antwortete der Seeofficier: „Das der schweigt, macht mich wüthend. Der Franzose trifft immerwährend genau in die Kornilow'sche Batterie, und dort antwortet man ihm nicht. . . ."

„Nun, es ist bald zwölf Uhr; dann hört er immer auf mit dem Bombardiren. Wird's heute auch wohl thun. Wollen wir nicht lieber frühstücken? Sie warten auf uns. . . . Es ist doch nichts weiter zu sehen."

„Nein, warte! Störe mich nicht!" antwortete der Andere und blickte mit gespannter Aufmerksamkeit durch das Fernrohr: „Was ist denn das? Die Laufgräben sind voller Bewegung. . . . Ist das der Feind? . . . Ja, ich seh' . . . . Sie sind's . . . . Sie kommen! Wir müssen ein Signal geben! Sieh doch! Sieh, sie kommen aus den Trancheen!"

„Wahrhaftig! Ich seh's mit bloßen Augen! In dunklen Haufen kommen sie den Berg herunter, aus den Gräben, von den Batterien zu den Bastionen!"

Auf den Wällen flammte es hie und da auf, kleine Wölkchen liefen über dieselben hin; der Wind trug das Knattern von Gewehrsalven herüber; es klang wie dichter Regenschlag gegen die Fenster. Schwarze Streifen zogen sich durch den Rauch, der näher und näher kam.

Die zuerst vereinzelten Laute der Schüsse verstärkten sich jetzt mehr und mehr und flossen zusammen in einen einzigen, langgedehnten brüllenden Donner. Der Dampf hatte sich über die ganze Umwallung ausgedehnt; an einzelnen Stellen loberten Feuer empor und schwarze Rauchsäulen stiegen auf.

„Das ist Sturm!" sprach der Husar und reichte das Fernrohr mit bleichem Gesicht an den Marineofficier zurück.

Kosaken kamen auf der Landstraße vorübergesprengt. Ihnen folgte der Oberbefehlshaber in einer Kalesche und gefolgt von den Officieren seiner Suite. Auf allen Gesichtern zeigte sich eine tiefe Erregtheit und Spannung.

„Unmöglich werden sie's nehmen!" rief der Husar.

„Mein Gott! Das ist keine russische Fahne! Sieh doch!" erwiederte mit fast' erstickter Stimme der Andere und reichte ihm das Fernrohr: „Die französische Fahne weht auf dem Malakow!"

„Nicht möglich!"

XX.

Der ältere Koselzow, der die ganze Nacht hindurch Dienst gehabt hatte, lag in der Kasematte der fünften Bastion in einem bleischweren, tiefen Schlummer, als plötzlich von allen Seiten der verhängnißvolle Allarmruf erscholl.

„Wachen Sie auf, Michaïlow Sewenitsch! Sturm!" schrie ihm eine Stimme zu.

„Ach was! Wohl nur Fopperei," sagte er ungläubig und öffnete die Augen.

Aber plötzlich erblickte er einen ziellos aus einer Ecke in die andere rennenden Officier mit so bleichem Gesichte, daß er sofort Alles begriff. Der Gedanke, nicht bei seiner Kompagnie zu sein, traf ihn peinlich. Er eilte, so schnell er konnte, zu ihr.

Das Geschützfeuer hatte aufgehört, aber ringsumher knatterten die Büchsen. Die Kugeln pfiffen nicht einzeln, sondern in Schwärmen; wie die Schaaren von Herbst= vögeln schwirrten sie über die Köpfe dahin. Der Platz, auf welchem gestern das Bataillon gestanden, war mit Rauch bedeckt; man vernahm dort Lärm und Geschrei, Verwundete und Nichtverwundete kamen ihm trupp= weis entgegen. Nach etwa dreißig Schritten fand er seine Kompagnie im Schutze der Mauer.

„Die Schwarze'sche Redoute ist besetzt! Alles ist ver= loren!" rief ein junger Officier.

„Unsinn!" entgegnete Koselzow, zog seinen kurzen, stumpfen Degen und schrie:

„Vorwärts, Jungens! Hurrah!"

Er eilte vorwärts; gegen fünfzig Mann stürzten ihm mit Geschrei nach, übersprangen den Graben und kamen auf einen freien Platz. Hier fielen die Kugeln wie Hagel hernieder. Zwei von ihnen trafen Koselzow, doch er ließ sich keine Zeit, nachzusehen, ob sie ihn nur gestreift oder ob und wo sie ihn verwundet. Vor sich im Rauch erblickte er blaue Uniformen und rothe Hosen und hörte französische Ausrufe. Ein Franzose stand auf der Brustwehr, schwenkte den Säbel und schrie etwas. Koselzow wußte, daß er in den Tod ging, aber gerade dieser Gedanke hob seinen Muth. Er stürmte vorwärts, einige seiner Soldaten überholten ihn, andere erschienen plötzlich irgend woher von der Seite und schlossen sich ihnen an. Die blauen Uniformen blieben immer in derselben Entfernung; sie zogen sich nach ihren Tranchéen zurück; mit jedem Schritt trat Koselzow auf Verwundete und Sterbende.

Schon hatte er den ersten Laufgraben erreicht, da verwirrte sich Alles vor seinen Augen; er fühlte einen Schmerz in der Brust.

Eine halbe Stunde später fand er sich liegend auf einer Tragbahre neben der Nikolajew'schen Kaserne; er begriff, daß er verwundet war, aber er fühlte keinen Schmerz, er wünschte nur, etwas Kühlendes zu trinken und eine etwas bequemere Körperlage.

Ein kleiner, wohlbeleibter Arzt mit schwarzem Backen-bart trat an ihn heran und knöpfte seine Uniform auf. Koselzow beobachtete über sein Kinn weg das Gebahren des Arztes, ohne bei dessen Untersuchung Schmerz zu fühlen. Der Arzt deckte die Wunde wieder mit dem Hemde zu, reinigte seine Hand am Saume von Koselzow's Mantel und, ohne den Verwundeten weiter anzusehen, trat er zu anderen.

Fast ohne Bewußtsein verfolgte Koselzow mit den Augen Alles, was um ihn her vorging; er erinnerte sich auch dessen, was auf der fünften Bastion geschehen war, und hatte das schöne tröstliche Gefühl, seine Pflicht, soweit es ihm möglich gewesen war, erfüllt und nichts vernach-lässigt zu haben.

Während der Arzt einen anderen Verwundeten verband, richtete er, unter Hindeutung auf Koselzow, einige Worte an den neben ihm stehenden Geistlichen.

„Werde ich sterben?" fragte Koselzow den sich ihm nähernden Geistlichen.

Dieser, ohne ihm zu antworten, sprach ein Gebet und reichte ihm das Kreuz.

Der Tod schreckte Koselzow nicht. Er ergriff mit kraftloser Hand das Kreuz und drückte es an seine Lippen, während ihm Thränen in die Augen traten.

„Sind die Franzosen zurückgeworfen?" fragte er den Geistlichen.

„Der Sieg ist uns überall treu geblieben," antwortete der Geistliche, um ihn zu trösten. Er wollte dem Sterbenden nicht sagen, daß die französische Fahne auf dem Malakow-Hügel wehte.

„Gott sei Dank!" sagte der Verwundete, ohne zu fühlen, wie ihm die Thränen über die Wangen liefen.

Einen Augenblick fuhr ihm der Gedanke an seinen Bruder durch den Kopf:

„Gebe Gott ihm dasselbe Schicksal!" dachte er. —

XXI.

Aber nicht dasselbe Schicksal erwartete Wolodja.

Er lauschte gerade einem Märchen, welches Waßja erzählte, als es plötzlich hieß: „Die Franzosen kommen!"

Das Blut strömte ihm zu Herzen und er fühlte, wie seine Wangen kalt und bleich wurden. Einen Augenblick war er wie festgebannt; doch als er bemerkte, wie die Soldaten sich ruhig ihre Mäntel zuknöpften und einer nach dem andern ruhig den Blindage verließen, einer von ihnen sogar, wahrscheinlich Melnikow, scherzhaft rief: „Bringt auch Brod und Salz mit, Kinder!", da entschlüpfte auch er zugleich mit Wlang, der nicht von seiner Seite wich, dem Ort und eilte zu seiner Batterie.

Von keiner Seite wurde mehr aus den Kanonen geschossen. Es war weniger die ruhige Besonnenheit der Soldaten, als vielmehr die unverhohlene Verzagtheit des Junkers, die Wolodja aufregten. Er eilte munter an die Brustwehr vor, hinter welcher seine Bombenmörser standen. Er sah deutlich, wie die Franzosen über das freie Feld geradeswegs auf ihn zuliefen und wie fortwährend neue Haufen von ihnen mit in der Sonne blitzenden Gewehren in den Laufgräben nachschoben.

Ein kleiner, breitschultriger Officier, den Säbel in der Faust, lief ihnen voran und sprang über die Gräben.

„Mit Kartätschen auf sie!" rief Wolodja und sprang von der Brustwehr zurück.

Aber seine Mannschaft hatte das schon ohne ihn besorgt. Mit schmetterndem Klang sauste die erste Kartätschenladung über ihn weg.

„Erste! Zweite!" kommandirte Wolodja und eilte von einem Mörser zum anderen hinüber, jede Gefahr vergessend.

Seitwärts ganz in der Nähe knatterten die Gewehre der Bedeckungskompagnien. Plötzlich erhob sich ein wildes Geschrei; mehrere Stimmen riefen von links herüber:

„Sie kommen von hinten! Sie kommen von hinten!"
Wolodja wandte sich um. Etwa zwanzig Franzosen
zeigten sich dort über den Schanzen. Einer von ihnen,
ein schöner Mann mit schwarzem Barte, war ihnen weit
voraus; kaum noch zehn Schritte von der Batterie entfernt,
legte er auf Wolodja an, schoß und lief weiter ihm ent=
gegen. Einen Augenblick stand Wolodja wie versteinert,
er traute kaum seinen Augen. Als er sich wieder besonnen
hatte und um sich blickte, befanden sich überall, vor ihm,
auf der Brustwehr blaue Uniformen; wenige Schritte von
ihm vernagelten zwei Franzosen eins seiner Geschütze. In
seiner Nähe befand sich Niemand mehr von den Seinen
außer Melnikow, der gerade neben ihm von einer Kugel
durchbohrt, zusammenbrach, und Wlang, der, einen Geschütz=
hebel in der Hand, mit demselben um sich schlug; seine
Gebärde war wüthend und seine Augen waren blut=
unterlaufen, aber er brach sich Bahn. Weiter war
Niemand da.

„Mir nach! Wladimir Semenitsch, mir nach!" hörte
er Wlang's verzweiflungsvolle Stimme und sah, wie
derselbe mit dem Handspuk auf die ihn verfolgenden
Franzosen einhieb. Wlang's wüthende Tapferkeit machte
einen großen Eindruck auf ihn. Wlang, sich immerfort
nach ihm umsehend, schlug der nächsten Franzosen Einem
auf den Kopf, daß die Uebrigen unwillkürlich zurückwichen
und schrie mit verzweiflungsvoller Stimme:

„Mir nach, Wladimir Semenitsch! Was stehen Sie
da? Fliehen Sie!"

Er erreichte glücklich der Laufgraben, in welchem
unsere Infanterie lag und auf die Franzosen feuerte.
Er sprang in denselben hinab, guckte aber sofort wieder
aus demselben hervor, um sich nach seinem Liebling, seinem
von ihm vergötterten Fähnrich, umzusehen.

Wolodja lag auf derselben Stelle, wo er gestanden,
mit dem Gesichte auf der Erde. Um ihn wimmelte es
von Franzosen, welche die Unseren in den Laufgräben
beschossen. —

XXII.

Wlang fand seine Leute auf der zweiundzwanzigsten
Vertheidigungslinie wieder. Von den zwanzig Mann
Bedienung der Mörserbatterie hatten sich nur acht gerettet.

Um neun Uhr Abends bestieg er mit ihnen ein von
Soldaten, Kanonen, Pferden und Verwundeten überfülltes
Dampfschiff, um nach der Nordseite überzusetzen.

Es fielen keine Schüsse mehr. Die Sterne blitzten
eben so hell, wie in den verwichenen Nächten, vom
Himmel. Von der ersten und zweiten Bastion loderten
zuweilen Feuer aus der Erde empor; furchtbare Explosionen erschütterten die Luft, im Umkreise erhellte es
sich und dunkle, eigenthümliche Massen und Steine flogen
empor. Auf den Werften brannte es und die roth auf-
leckende Flamme spiegelte sich wieder im Wasser der Bucht.

Die mit Menschen gefüllte lange Schiffsbrücke wurde
von dem brennenden Nikolajew'schen Fort beleuchtet. Beim
Schein aller dieser Feuersbrünste sah man die Masten

unserer der Vernichtung bestimmten Schiffe langsam tief und immer tiefer in's Wasser sinken. Alle auf dem Verdeck des Dampfers schwiegen; man hörte zwischen dem Stampfen der Maschine und dem schäumenden An= schlag der Wellen nur das Schnauben der Pferde und das Scharren ihrer Hufe, die Kommandoworte des Kapitäns und das Aechzen der Verwundeten.

Wlang, der den ganzen Tag nichts genossen hatte, zog ein Stück Brod aus der Tasche und fing an, an demselben zu kauen. Plötzlich gedachte er Wolodja's und er fing an laut zu weinen, so daß es die Auf= merksamkeit der nahe stehenden Soldaten erregte.

„Guck da, unser Wlanga! Ißt sein Brod und weint dazu!" bemerkte Wassja.

„Sonderbar!" erwiderte ein Anderer.

„Seht! da stecken sie unsere Kaserne auch jetzt an!" sagte seufzend ein Dritter: „Und wie viele von den Unseren sind da auf dem Platze geblieben, so um nichts und wieder nichts — — Jetzt hat's der Franzose!"

„Wir wenigstens sind am Leben geblieben; dafür sei Gott gedankt," sprach Wassja.

„Es thut Einem aber doch leid . . . ."

„Was leid? Glaubst Du, daß er sich da lange wird breit machen können? Jawohl! Paß' nur auf, die Unsern nehmen's ihm doch wieder ab. Wie viel von den Unsern auch dabei umkommen mögen, aber — Gott ist heilig — befiehlt's der Kaiser, dann nehmen sie's ihm wieder ab. Die Unseren ihm das lassen? Jawohl!

Die kahlen Mauern und Schanzen magst Du meinetwegen in die Luft sprengen . . . .! Hat auch seine
Fahne auf den Malakow gesteckt — — Aber in die
Stadt wagt er sich doch nicht hinein! Warte nur! Es
wird noch einmal mit Dir abgerechnet. — Ja, warte
nur!" schloß der Sprecher seine Rede, indem er sich den
Franzosen zuwandte.

„Gewiß wird man abrechnen," stimmte ein Anderer
überzeugungsvoll ein.

Die ganze Vertheidigungslinie von Sebastopol war
schon längst verlassen; Niemand mehr war dort. Alles
dort war todt, öde und verlassen, aber noch nicht still.
Auf der von den Sprengungen soeben zerrissenen Erde
lagen überall auf und neben russischen und feindlichen
Leichen zersplitterte Lafetten, schwere gußeiserne Kanonen,
mit furchtbarer Gewalt in die Gräben hinabgeschleudert
und dort zur Hälfte mit Erde verschüttet, Bomben,
Kugeln und Balken und wieder Leichen in grauen und
blauen Röcken; und hier und da zuckte es noch auf und
bewegte sich in dem blutigen Schein der springenden
Minen, deren Explosionen nicht aufhörten, die nächtliche
Luft zu erschüttern.

Die Feinde bemerkten, daß etwas Besonderes in
Sebastopol vorging. Diese Sprengungen und das darauf
folgende Todesschweigen auf den Bastionen ließen sie
erbangen; aber sie wagten noch nicht daran zu glauben,
daß der bisher noch unbesiegte und unerschütterte Feind
vor ihnen verschwunden sei, und bewegungslos erwarteten

sie in bangem Schweigen das Ende der entsetzlichen
Nacht.

Die Besatzung von Sebastopol bewegte sich langsam,
von undurchbringlicher Dunkelheit bedeckt, fort von dem
Orte, wo sie soviele ihrer tapferen Brüder gelassen, von
dem Orte, den sie elf Monate lang gegen einen doppelt
so starken Feind gehalten und den jetzt ohne weiteren
Schwertstreich zu räumen ihr befohlen war.

Dieser Befehl erschien im Anfang jedem Russen
unbegreiflich. Die Leute drängten sich aufgeregt in den
finsteren Straßen und vor dem Eingange zur Brücke,
die ein starker Wind hin und herschwanken ließ. Mit
den Bajonetten an einanderstoßend drängten sich die
Regimenter, dazwischen Equipagen und Kosaken, mitten
in der Infanterie berittene Officiere, die Durchlaß forderten,
hänberingende Einwohner und Burschen mit Bagage, die
man nicht durchlassen wollte, während sich die Artillerie,
klirrend auf ihren Rädern, Bahn brach.

Alle wünschten so schnell als möglich diesen schrecklichen Ort zu verlassen. Dieser Wunsch erfüllte Alle,
den tödtlich verwundeten Soldaten und Landwehrmann,
wie den General, den Matrosen, wie den blessirten Officier
auf der Bahre und seine vier Träger, die ihn auf der
Straße neben dem Nikolajew'schen Fort niedersetzten, weil
sie durch die aufgestaute Menge des Volkes nicht durch-
zudringen vermochten; den Artilleristen, der sechszehn
Jahre bei seinem Geschütze gedient hatte, welches er jetzt
auf Befehl seines Vorgesetzten mit Hülfe seiner Kameraden

18

die steile Böschung hinab in das Wasser der Bucht
stürzte; den Seeofficier, der soeben eine Planke aus
dem Bauche seines Schiffes herausgerissen hatte und eiligst
in seiner Barcasse aus dessen Nähe hinwegruderte . . . .
Beim Austritt auf's jenseitige Ufer nahm fast
Jeder seine Mütze ab und bekreuzte sich; aber darnach
erwachte ein anderes, schweres und bitteres Gefühl in
seinem Herzen, ein Gefühl zugleich der Reue, des Zorns
und der Beschämung. Fast jeder Soldat, von der
Nordseite auf das verlassene Sebastopol zurückblickend,
seufzte auf in einer unaussprechlichen Bitterkeit seines
Herzens und ballte drohend gegen die Feinde die Faust. —